KB205603

구원의 확신을 가진 사람만이
이 세상을 아름다운 천국으로 만들 수 있습니다.

이 규 학 감독

양육시리즈 / 구원론

구원의 확신

둘셋손잡고
HAND-IN-HAND

머리말

　예수 그리스도는 세상을 구원하시는 분입니다. 구세주 되시는 예수 그리스도의 성품과 사역이 복음입니다. 구원은 복음주의 영성인 구원, 성령, 교회, 선교의 시작입니다. 성도는 구원받음으로 죄사함을 받고, 하나님의 자녀가 되며, 천국을 소유하고, 세상에서 빛과 소금으로 사는 하늘 백성의 특권을 누립니다. 성도에게 가장 중요한 것이 구원입니다. 그래서 베드로전서 1장 9절은 "믿음의 결국 곧 영혼의 구원을 받음이라"라고 했으며, 마태복음 1장 21절에도 "아들을 낳으리니 이름을 예수라 하라 이는 그가 자기 백성을 그들의 죄에서 구원할 자이심이라 하니라"라고 했습니다. 구원의 확신과 증거가 분명한 사람이 세상을 천국으로 변화시켜 갑니다.

　그런데 주님께서 마태복음 7장 21절에 "나더러 주여 주여 하는 자마다 다 천국에 들어갈 것이 아니요 다만 하늘에 계신 내 아버지의 뜻대로 행하는 자라야 들어가리라"라고 했으며, 고린도후서 13장 5절에 "너희는 믿음 안에 있는가 너희 자신을 시험하고 너희 자신을 확증하라 예수 그리스도께서 너희 안에 계신 줄을 너희가 스스로 알지 못하느냐 그렇지 않으면 너희는 버림 받은 자니라"라고 했습니다.

　구원받은 성도는 본능적으로 주님을 본받습니다. 주님의 사랑을 본받아 실천하며, 경건과 거룩에 이르기를 힘쓰며, 세상에서 빛과 소금으로 살아갑니다. 오늘날 성도들이 성도답지 못하고, 교회가 교회답지 못한 까닭은 교회는 다니면서도 구원의 진리를 몰라서 구원받지 못했거나, 구원의 확신이 없어서입니다. 10년 20년 신앙생활을 하면서도 구원받지 못한 분들이 많은 것이 한국교회의 실정입니다. 선교단체에 입문하면 구원의 확신부터 배웁니다. 교회에서도 선교단체의 영향을 받아 구원의 확신에 대해 많이 강조합니다.

그런데 요즘 구원의 확신에 대한 가르침들이 성경과 다르거나, 왜곡된 것이 많습니다. 개인 구원은 가르치면서 사회 구원은 침묵하거나, 구원의 확신은 강조하는데 구원의 책임에 대해서는 가르치지 않으며, 구원의 즉각성은 말하면서 구원의 점진성은 말하지 않습니다. 구원은 확신과 함께 책임이 요구되며, 즉각적이면서 평생 이루어가야 하는 십자가의 길입니다. 구원받은 자는 이 땅에 사는 동안 예수 그리스도의 제자로 자기 십자가를 지고 사랑을 실천하여 세상을 하나님 나라로 변화시켜 가는 사람들입니다.

1-7장으로 구성된 이 책은, 1장의 인간을 창조하신 창조주 하나님으로부터 시작하여, 2장 하나님을 떠난 인간의 비참함을, 3장 우리의 영원한 구세주 되시는 예수님의 구원 사역을 소개하고, 4장에서는 예수 그리스도의 구원을 오늘날 우리에게 적용시키는 성령님의 사역을 소개했습니다. 5장에서 구원의 확신을 다루었고, 6장에서 우리가 받은 구원을 어떻게 이루어 갈 것인가에 대해, 7장에서 주님 다시 오실 때까지, 주님 나라 갈 때까지의 성도의 삶으로 결론을 맺었습니다.

이 과정을 공부하면서 창조주 하나님의 당신을 향한 구원계획과 온 세상 피조물을 향한 하나님의 포괄적인 구원계획에 눈을 뜰 것입니다. 그래서 전체적이고도 완전한 구원의 확신과 구원받은 자로서의 위상과 책임을 알고 실천할 수 있을 것입니다. 부디 하나님께서 당신을 위해 예비하신, 세상에서 가장 귀한 선물인 구원을 받으시고, 천국을 향한 출발점인 구원의 분명한 확신과 증거를 가지고 교회를 섬기고 세상을 살아가시기를 바랍니다.

2022년 1월
이 규 학 감독 드림

CONTENTS

첫 번째 만남
창조주 하나님

만물에는 주인이 있다

산속 마을에 따뜻한 봄이 왔습니다. 겨울잠에서 깨어난 곰돌이네 가족들이 봄나들이 나섰습니다. 곰돌이는 주변의 모든 것이 신기합니다.

"아빠, 저 예쁜 꽃은 누가 만들었어요?"
"하나님!"
"나비는요?"
"하나님!"
"하늘은요?"
"하나님!"
"하늘을 나는 비행기는요?"
"기차는요?"

곰돌이가 내린 결론은 "이 세상에 존재하는 모든 것은 만든 이가 있다."라는 것이었습니다.

> 금주 암송요절 / 창세기 1장 26-27절
> 하나님이 이르시되 우리의 형상을 따라 우리의 모양대로 우리가 사람을 만들고 그들로 바다의 물고기와 하늘의 새와 가축과 온 땅과 땅에 기는 모든 것을 다스리게 하자 하시고 하나님이 자기 형상 곧 하나님의 형상대로 사람을 창조하시되 남자와 여자를 창조하시고

1 하나님께서 천국을 창조하시다

하나님께서 천지와 그 속에 있는 모든 것들을 창조하셨습니다. 하나님께서 만드신 세상을 천국, 하나님 나라 혹은 낙원이라고 합니다. 이 세상에 세워진 첫 번째 나라는 하나님께서 창조하신 에덴동산이었습니다.

1) 하나님께서 ①_____을 창조하셨습니다.

창세기 1장 1절
태초에 하나님이 천지(天地)를 창조하시니라

○ Guide

> 창조(創造)라는 단어가 히브리어 '바라'(בָּרָא)로 쓰일 때는 무(無)에서 유(有)를 창조하는 절대적 창조를 말하며 오직 하나님의 창조에만 이 단어를 사용한다. 유(有)에서 유(有)를 만들 때는 '아사'(עָשָׂה)라는 단어를 사용한다.

2) 하나님께서 ②_____이 살기 적합하도록 세상을 만드셨습니다.

이사야 45장 18절
대저 여호와께서 이같이 말씀하시되 하늘을 창조하신 이 그는 하나님이시니 그가 땅을 지으시고 그것을 만드셨으며 그것을 견고하게 하시되 혼돈하게 창조하지 아니하시고 사람이 거주하게 그것을 지으셨으니 나는 여호와라 나 외에 다른 이가 없느니라

○ Guide

> 하나님께서는 지구를 인간이 살기에 가장 적합한 상태로 만드셨다. 우리가 사는 세상에 존재하는 것들은 모두 인간을 위해 필요한 것들이고, 필요 없는 창조물은 하나도 없다. 우리는 하나님께서 만든 세상을 잘 다스려 길이 보존해야 한다.

3) 하나님께서 만드신 세상을 ③ _____라고 합니다.

○ Guide

> 성경에서 천국, 하나님 나라, 낙원, 영생은 모두 동일한 의미로 사용된다.

2 하나님께서 '사람'을 창조하시다

　나라마다 국민이 있는 것처럼 천국에는 하나님의 백성이 있습니다. 하나님께서는 하나님의 형상을 따라 남자와 여자를 만드시고, 남녀가 생육하고 번성하여 온 세상에 가득하여 찬란하고 영광스러운 하나님 나라를 이루도록 하셨습니다.

　1) 하나님께서는 ④＿＿＿＿＿＿을 따라 사람 곧 ⑤＿＿＿＿＿를 창조하셨습니다.

창세기 1장 26-27절
하나님이 이르시되 우리의 형상을 따라 우리의 모양대로 우리가 사람을 만들고 그들로 바다의 물고기와 하늘의 새와 가축과 온 땅과 땅에 기는 모든 것을 다스리게 하자 하시고 하나님이 자기 형상 곧 하나님의 형상대로 사람을 창조하시되 남자와 여자를 창조하시고

○ **Guide**

> 하나님의 형상과 하나님의 모양은 같은 뜻이다. 성경에서는 일반적으로 하나님의 형상을 눈에 보이는 형상으로 보다는 하나님의 성품으로서의 지(智), 정(情), 의(義), 성(聖), 미(美)를 말한다. 이처럼 하나님께서는 사람을 하나님의 성품을 따라 만드셨는데 이것이 사람이 다른 피조물과 구별되는 특성이다.

　2) 하나님께서는 사람이 ⑥＿＿＿＿＿이 되게 하셨습니다.

창세기 2장 7절
여호와 하나님이 땅의 흙으로 사람을 지으시고 생기를 그 코에 불어넣으시니 사람이 생령이 되니라

○ Guide

> 사람이 생령이 되었다는 것은 영생하시는 하나님의 영과 인간의 영이 연합됨으로, 인간이 하나님처럼 영생할 수 있게 되었다는 것을 말한다. 하나님께서 창조한 첫 사람은 하나님과 영적으로 교제하며 하나님처럼 영생할 수 있는 존재였다. 인간만이 영생하는 존재로 지음을 받았으며, 이것이 하나님께서 인간에게 주신 최고의 복이다.

3) 하나님께서는 동방의 에덴에 ⑦_____을 창설하시고 그 지으신 사람을 거기 두셨습니다.

창세기 2장 8절
여호와 하나님이 동방의 에덴에 동산을 창설하시고 그 지으신 사람을 거기 두시니라

○ Guide

> 에덴동산은 하나님께서 사람과 교제하시기 위해 특별히 이 땅에 만든 낙원이며, 하나님 나라였다. 오늘날은 교회를 에덴동산이라고 할 수 있다. 하나님께서는 교회를 하나님과 그의 백성들이 교제하는 낙원으로 삼으신다. 성도들은 교회 생활을 통해 하나님 나라를 미리 체험하고 교회를 하나님 나라로 세워가기 위해 헌신한다.

3 하나님께서 사람에게 복을 주시다

　하나님께서는 하나님의 형상을 따라 창조하신 사람에게 복을 주셨습니다. 이 복은 하나님의 형상을 따라 만들어진 사람들이 하나님을 대신하여 이 땅에 하나님 나라를 세워가는 것입니다.

　1) 하나님께서는 사람에게 ⑧_____을 주시며 생육하고 번성하여 땅에 충만하고 땅을 정복하라고 하셨습니다. 모든 생물을 ⑨_____고 말씀하셨습니다.

> **창세기 1장 28-30절**
>
> 하나님이 그들에게 복을 주시며 하나님이 그들에게 이르시되 생육하고 번성하여 땅에 충만하라, 땅을 정복하라, 바다의 물고기와 하늘의 새와 땅에 움직이는 모든 생물을 다스리라 하시니라 하나님이 이르시되 내가 온 지면의 씨 맺는 모든 채소와 씨 가진 열매 맺는 모든 나무를 너희에게 주노니 너희의 먹을거리가 되리라 또 땅의 모든 짐승과 하늘의 모든 새와 생명이 있어 땅에 기는 모든 것에게는 내가 모든 푸른 풀을 먹을거리로 주노라 하시니 그대로 되니라

○ **Guide**

> 하나님의 3대 명령 중 두 가지가 여기 등장한다. '생육하고 번성하여 땅에 충만하라'고 한 것은 결혼명령이다. 모든 인간은 하나님의 명령에 따라 결혼해서 자녀를 번성케 해야 할 의무가 있다. 결혼은 하나님을 대신해서 다음 세대를 이어가는 창조이다. '땅을 정복하고 다스리라'함은 문화명령 혹은 노동명령이다. 사람은 일할 의무와 권리를 동시에 안고 태어난다. 일은 사람이 하기 때문에 사람의 일이지만, 하나님을 대신하여 하나님의 명령을 수행하기 때문에 하나님의 일이다. 즉 하나님 대신 세상을 다스리는 것이다.

2) 하나님께서 지으신 것들은 심히 ⑩ _____.

창세기 1장 31절~2장 1절
하나님이 지으신 그 모든 것을 보시니 보시기에 심히 좋았더라 저녁이 되고 아침이 되니 이는 여섯째 날이니라 천지와 만물이 다 이루어지니라

○ **Guide**

> '좋았다'는 말씀은 '참되다(眞), 선하다(善), 아름답다(美), 완전하다(完)'는 의미이다. 하나님께서 창조하신 모든 피조물이 악하거나 불완전한 요소가 전혀 없어서 참되고, 선하며, 아름답고 완전한 천국이 이루어졌다는 표현이다.

4 하나님께서 사람에게 천국의 법을 주시다

나라마다 시민들이 지켜야 할 법이 있어서, 법을 어기는 사람은 그 죄에 합당한 벌을 받습니다. 하나님 나라에도 법이 있습니다. 하나님 말씀이 하나님 나라의 법이며 사람들은 하나님 나라의 법인 하나님 말씀에 순종해야 살 수 있습니다.

1) 하나님께서 그 지으신 사람에게 ⑪_____하여 선악을 알게 하는 실과는 먹지 말라고 하셨습니다.

2) 사람이 하나님의 명을 어기면 반드시 ⑫_____고 하셨습니다.

창세기 2장 9절
여호와 하나님이 그 땅에서 보기에 아름답고 먹기에 좋은 나무가 나게 하시니 동산 가운데에는 생명 나무와 선악을 알게 하는 나무도 있더라

창세기 2장 15-17절
여호와 하나님이 그 사람을 이끌어 에덴 동산에 두어 그것을 경작하며 지키게 하시고 여호와 하나님이 그 사람에게 명하여 이르시되 동산 각종 나무의 열매는 네가 임의로 먹되 선악을 알게 하는 나무의 열매는 먹지 말라 네가 먹는 날에는 반드시 죽으리라 하시니라

○ Guide

> 하나님께서 아담과 하와에게 선악과를 금한 것은 하나님 앞에서 인간의 위치와 한계를 분명히 기억하라는 것이다. 인간은 하나님의 형상을 따라 창조되었으면서 동시에 하나님의 모든 피조물을 다스리는 하나님의 피조물이다. 인간은 모든 피조물처럼 하나님을 의존해야만 살 수 있고, 하나님을 떠나면 죽는다.

3) 사람이 살고 죽는 문제는 ⑬_____를 먹느냐, 먹지 않느냐의 문제가 아니라 하나님의 ⑭_____을 지키느냐 어기느냐에 있습니다.

○ Guide

> 선악과 자체에 무슨 독성이 있는 것이 아니다(그렇게 말하는 이단들이 있다). 하나님께서 선악과가 아닌 어떤 다른 명령을 내리시면서 그 명령에 순종하지 않으면 죽는다고 했다면 선악과를 먹지 말라는 명령과 동일한 효과를 나타내는 것이다. 문제의 핵심은 하나님 말씀에 순종하는 것이 하나님께 순종하는 것이고 그것이 생명을 보존하는 길이다. 하나님 말씀을 떠나면 하나님을 떠나는 것이고 그렇게 되면 곧 죽음이라는 것이다.

4) 사람이 천국에서 영생하려면 반드시 하나님의 ⑮_____을 지켜야 합니다.

요한복음 12장 50절
나는 그의 명령이 영생인 줄 아노라 그러므로 내가 이르는 것은 내 아버지께서 내게 말씀하신 그대로니라 하시니라

○ Guide

> 하나님 자신이 영생하시는 분이시다. 사람이 영생하시는 하나님 안에 거하면 영생한다. 하나님 말씀에 순종하는 것이 하나님 안에 거하는 것이다. 그러므로 하나님 말씀에 순종하면 하나님 안에 거하는 것이요, 영생하시는 하나님의 생명 안에 거하는 것이다.

(해답)
　　① 천지 또는 온 세상　② 사람　③ 천국 또는 하나님 나라
　　④ 하나님의 형상　⑤ 남자와 여자　⑥ 생령　⑦ 동산　⑧ 복　⑨ 다스리라
　　⑩ 좋았더라　⑪ 명　⑫ 죽으리라　⑬ 선악과　⑭ 명령　⑮ 명령

첫 번째 만남을 마치면서

첫 번째 만남 좋았나요? 함께 만나서 공부한 분들과 자기소개를 하면서 오늘 만남을 나누어 봅시다.

1. 눈을 들어 하나님께서 창조하신 세상을 두루 살펴보고 하나님께서 창조하신 것들을 하나하나 말해 봅시다.

2. 나는 어디서 왔을까요?

3. 하나님께서는 하나님의 형상을 따라 당신을 만드셨습니다. 당신에게 있는 하나님의 형상을 찾아봅시다.

수고하셨습니다.
다음 시간에는 하나님께서 창조하신 천국이
사탄의 침범과 인간의 범죄로 심하게 파괴되어 세상과 인간에게
죽음과 저주가 찾아오게 됨을 공부합니다.

두 번째 만남

하나님을 떠난 인간

리스트

재판이 열리는 법정에서 방청을 했습니다. 판사가 법정에 증인으로 출석한 사람들에게 거짓 증거하면 2년이 구형된다고 알려줍니다. 그렇다면 나는 평생 크고 작은 거짓말을 얼마만큼 했나를 잠깐 생각해보다가 그만 두었습니다. 너무 많았습니다. 다른 죄는 그만두고 거짓말 한 것만 계산해도 사회에서 추방되어 감옥으로 가서 수 만 년은 살아야 될 것 같았습니다. 사회적 범법자는 사회로부터 격리되지만 하나님께 죄를 지으면 하나님 앞에서 추방됩니다. 하나님 앞에서의 추방이 사망이며 지옥입니다.

> 금주 암송요절 / 로마서 6장 23절
> 죄의 삯은 사망이요 하나님의 은사는 그리스도 예수 우리 주 안에 있는 영생이니라

1 인간이 하나님처럼 되려고 하다

인간은 하나님의 피조물입니다. 그런데 인간이 하나님의 명을 따라 하나님을 섬기며 사는 피조물의 분수를 넘어 하나님처럼 되려고 하면서 인류의 비극이 시작되었습니다. 피조물이 자기를 창조한 창조주의 지위를 넘보는 것은 탈선이며, 죄입니다.

1) 뱀 곧, 사탄은 하나님께서 금한 명령을 어기고 선악과를 먹으면 하나님처럼 될 것이라고 ①_____를 유혹했습니다. 여자는 사탄에게 순종함으로 하나님의 말씀을 거역하는 죄를 범했고 ②_____도 여자를 따라 하나님을 거역했습니다.

창세기 3장 1-6절
그런데 뱀은 여호와 하나님이 지으신 들짐승 중에 가장 간교하니라 뱀이 여자에게 물어 이르되 하나님이 참으로 너희에게 동산 모든 나무의 열매를 먹지 말라 하시더냐 여자가 뱀에게 말하되 동산 나무의 열매를 우리가 먹을 수 있으나 동산 중앙에 있는 나무의 열매는 하나님의 말씀에 너희는 먹지도 말고 만지지도 말라 너희가 죽을까 하노라 하셨느니라 뱀이 여자에게 이르되 너희가 결코 죽지 아니하리라 너희가 그것을 먹는 날에는 너희 눈이 밝아져 하나님과 같이 되어 선악을 알 줄 하나님이 아심이니라 여자가 그 나무를 본즉 먹음직도 하고 보암직도 하고 지혜롭게 할 만큼 탐스럽기도 한 나무인지라 여자가 그 열매를 따먹고 자기와 함께 있는 남편에게도 주매 그도 먹은지라

○ **Guide**

인간이 하나님처럼 되겠다는 것은 곧 피조물인 인간이 피조물의 위치를 떠나 창조주가 되겠다는 것이다. 아담과 하와가 하나님처럼 되겠다고 했던 것처럼 그의 후예인 인류도 하나님처럼 되기 위해 부단히 노력했다. 우리나라의 도사, 신선, 선녀, 불교의 부처 등도 사람이 하나님처럼 되겠다는 사례이다. 그러나 인류 역사상 인간이 하나님처럼 된 적은 없다. 피조물이 창조주가 되려는 욕심에서 인류의 비극인 죄와 사망의 역사가 시작되었다. 이 비극을 되돌리는 길은 인간 스스로가 자기 의지대로 살 수 있다는 어리석음, 스스로가 스스로에게 하나님 노릇하겠다는 교만을 버리고 하나님께 돌아가는 것이다.

2) 아담과 하와를 꾀어 범죄케 한 뱀은 지금도 온 천하 만민에게 하나님은 없다고 하거나, 하나님을 대적하라고 꾀어 우리를 지옥으로 인도하는 ③_____ 입니다.

요한계시록 12장 9절
큰 용이 내쫓기니 옛 뱀 곧 마귀라고도 하고 사탄이라고도 하며 온 천하를 꾀는 자라 그가 땅으로 내쫓기니 그의 사자들도 그와 함께 내쫓기니라

○ Guide

사탄은 본래 하나님께서 창조한 천사였다. 천사 중의 일부가 하나님처럼 되려는 욕심을 품고 하나님을 대적했는데 이들이 사탄이다. 사탄은 영적 존재로서 상당한 능력을 행사할 수 있어서, 뱀의 모양으로, 혹은 뱀 속으로 들어와 하와를 유혹한 것이다. 사탄은 아담과 하와로 하여금 하나님처럼 될 수 있다고 유혹했다. 뱀으로 나타난 사탄은 얼마든지 다른 모습으로 나타날 수 있다. 예수님 당시에는 베드로도 사탄의 도구로 이용되기도 했다.

2 죄를 지은 결과 하나님과 교제가 단절되다

하나님의 피조물 신분으로서 하나님과 교제할 수 있다는 것은 하나님께서 인간에게 주신 특권 중의 특권입니다. 아담과 하와는 이 특권을 가볍게 여김으로 하나님과의 교제를 스스로 단절하고 말았습니다.

1) 죄를 지은 결과 하나님께서 우리를 ④_____ 않으시게 되었습니다.

> **이사야 59장 2절**
> 오직 너희 죄악이 너희와 너희 하나님 사이를 갈라 놓았고 너희 죄가 그의 얼굴을 가리어서 너희에게서 듣지 않으시게 함이니라

2) 죄를 범한 첫 사람은 하나님의 음성을 듣고도 하나님을 ⑤_____ 숨었습니다. 사람이 죄를 범함으로 하나님과 교제가 단절되었고 하나님의 얼굴을 볼 수 없게 되었습니다.

> **창세기 3장 8절**
> 그들이 그 날 바람이 불 때 동산에 거니시는 여호와 하나님의 소리를 듣고 아담과 그의 아내가 여호와 하나님의 낯을 피하여 동산 나무 사이에 숨은지라
>
> **로마서 3장 23절**
> 모든 사람이 죄를 범하였으매 하나님의 영광에 이르지 못하더니

○ **Guide**

말이 통해야 함께 살아갈 수 있다. 하나님은 아담과 하와를 하나님과 말이 통하는 존재로 만드셨으나 아담과 하와는 하나님과 교제를 거부하고 사탄과 교제함으로 하나님을 떠났다. 하나님께서는 하나님을 떠난 아담과 하와에게 다가오심으로 다시금 교제의 기회(회개의 기회)를 주셨지만 아담과 하와는 하나님을 피하고 말았다. 죄는 이처럼 하나님과 사람 사이를, 사람과 사람 사이를 가로막는다.

3 사람이 생명의 근원 하나님을 떠나 죽음에 이르다

하나님은 생명의 근원입니다. 하나님께서는 사람이 하나님의 명을 거역하고, 하나님을 떠나면 죽게 된다고 경고했습니다. 경고를 무시한 아담과 하와는 하나님의 말씀대로 죽게 되었습니다. 아담과 하와는 그 후손인 모든 인류에게 죽음에 이르는 DNA를 유전시키는 비극을 안겨주게 되었습니다.

1) 하나님의 영광스러운 형상과 영생하는 삶 대신 ⑥_____으로 돌아가는 죽음이 찾아왔습니다.

창세기 3장 19절
네가 흙으로 돌아갈 때까지 얼굴에 땀을 흘려야 먹을 것을 먹으리니 네가 그것에서 취함을 입었음이라 너는 흙이니 흙으로 돌아갈 것이니라 하시니라

○ Guide

> 이 세상에 왔던 인간은 모두가 흙으로 돌아갔다. 그러나 이것이 본래 인간의 운명은 아니었다. 하나님께서는 인간을 비록 흙으로 만드셨지만 그 안에 생령을 넣어주심으로 신령한 몸으로 만드셨다. 그러나 인간이 하나님을 떠나면서 하나님의 영도 인간을 떠나고 말았다. 하나님의 영이 떠난 인간은 더이상 신령한 존재일 수 없게 되었고 흙으로 돌아갈 수밖에 없게 된 것이다.

2) 하나님께서는 범죄한 사람을 천국에서 ⑦_____ 내시고 천사들로 생명 나무의 길을 지키게 했습니다.

창세기 3장 24절
이같이 하나님이 그 사람을 쫓아내시고 에덴동산 동쪽에 그룹들과 두루 도는 불칼을 두어 생명 나무의 길을 지키게 하시니라

○ Guide

> 인간은 스스로의 의지로 하나님의 생명으로부터 떠나는 선택을 했고, 하나님의 생명에서 떠난 인간은 더이상 영생하는 존재들만이 거하는 하나님의 나라인 에덴에 있을 수 없었다. 하나님께서는 화염검이라는 불칼을 든 천사를 시켜 낙원을 지키도록 하여 에덴(낙원) 출입을 금지했다.

3) 죄의 값은 ⑧＿＿＿＿＿＿＿＿입니다.

창세기 2장 17절
선악을 알게 하는 나무의 열매는 먹지 말라 네가 먹는 날에는 반드시 죽으리라 하시니라

로마서 6장 23절
죄의 삯은 사망이요 하나님의 은사는 그리스도 예수 우리 주 안에 있는 영생이니라

에스겔 18장 4절
모든 영혼이 다 내게 속한지라 아버지의 영혼이 내게 속함 같이 그의 아들의 영혼도 내게 속하였나니 범죄하는 그 영혼은 죽으리라

○ Guide

> 하나님께서는 죽음의 원인이 하나님을 거역하고 떠난 인간의 죄에 있음을 선언한다. 인간은 죄 가운데서 살다보니 잘 모르지만 죄는 이처럼 사람을 죽이기까지 하는 무서운 독소이다. 그리고 피조물 가운데 인간만이 죄를 짓는다.

4) 죄는 유전되어 모든 사람이 다 ⑨＿＿＿＿ 아래 있습니다.

로마서 3장 9-10절
그러면 어떠하냐 우리는 나으냐 결코 아니라 유대인이나 헬라인이나 다 죄 아래에 있다고 우리가 이미 선언하였느니라 기록된 바 의인은 없나니 하나도 없으며

4 죄란 무엇인지 알아보겠습니다

피조물인 인간이 자신의 한계를 벗어나 창조주이신 하나님처럼 되겠다는 것이 죄의 시작입니다. 그 결과 인간은 하나님과 교제의 단절, 하나님으로부터 주어지는 영생하는 생명이 단절되고 결국은 사망에 이르렀습니다. 인간은 죄인으로 태어나 사망에 이르는 동안 무수한 죄를 범하고 살아갑니다.

○ **Guide**

> 죄라는 원어는 구약 12개, 신약에 20개의 단어가 있는데, 그 중 대표적으로는
> - 하타 חטא: 하나님의 기준에 미달.
> - 아웬 עון: 하나님의 기준을 왜곡하거나 탈선(불법, 유죄, 죄, 범죄).
> - 파샤 פשע: 하나님의 뜻에 대항(허물, 죄과, 위반, 거역, 반항).
> - 아디키아 αδιχια: 하나님의 기준을 위반함으로 다른 사람들에게 해를 끼치는 의도적인 행위(행악, 불의, 불법, 부정).
> - 하마르티아 ἁμαρτία: '표적을 맞히지 못함'을 뜻하며, 모든 죄를 지칭.

1) 원죄란 우리 시조의 타락으로 인한 인류 전체의 ⑩_____입니다.

로마서 5장 14절
아담의 범죄와 같은 죄를 짓지 아니한 자들까지도 사망이 왕 노릇 하였나니

시편 51편 5절
내가 죄악 중에서 출생하였음이여

2) 자범죄는 원죄의 결과로 나타나는 죄를 말하는데, 스스로 악한 일을 생각하고, 계획하고, 따르고, 행하는 모든 종류의 ⑪_____입니다.

로마서 1장 21-32절에 나타난 자범죄

하나님을 알되 하나님을 영화롭게도 아니하며 감사하지도 아니하고, 스스로 지혜 있다 하고, 썩어지지 아니하는 하나님의 영광을 썩어질 사람과 새와 짐승과 기어 다니는 동물 모양의 우상으로 바꾸고, 피조물을 조물주보다 더 경배하고 섬기며, 여자들도 순리대로 쓸 것을 바꾸어 역리로 쓰며, 남자들도 순리대로 여자쓰기를 버리고 서로 향하여 음욕이 불 일듯 하매 남자가 남자와 더불어 부끄러운 일을 행하며, 마음에 하나님 두기를 싫어하고, 모든 불의, 추악, 탐욕, 악의, 시기, 살인, 분쟁, 사기, 악독, 수군수군, 비방, 하나님을 미워하며, 모욕, 살인, 강간, 교만, 자랑, 악을 도모, 부모를 거역, 우매, 약속을 지키지 않고, 무정하고, 무자비한 자라. 이같은 일을 행하는 자는 사형에 해당한다고 하나님께서 정하심을 알고도 자기들만 행할 뿐 아니라 또한 그런 일을 행하는 자들을 옳다 하느니라

3) 성령을 거역(모독, 훼방)하는 죄는 ⑫_____을 받을 수 없습니다.

마태복음 12장 32절

누구든지 말로 성령을 거역하면 이 세상과 오는 세상에서도 사하심을 얻지 못하리라

마가복음 3장 29절

누구든지 성령을 모독하는 자는 영원히 사하심을 얻지 못하고 영원한 죄가 되느니라

○ Guide

성령을 훼방하는 죄
성령훼방죄는 예수를 거역하는 죄를 말하는데, 구체적으로는 배교, 끝까지 회개하기를 거부하는 것, 하나님께서 행하신 일을 현장에서 보면서도 그것을 부정하거나 조롱하는 것 등이다.

5 죽음 이후에는 지옥 심판이 있다

죽음 이후에는 심판이 있습니다. 심판은 다름 아닌 인간이 스스로 행한 일에 대한 결과의 열매입니다. 인간은 하나님께서 지옥에 보내기로 작정한 사탄을 따랐기 때문에, 인간도 사탄과 한 운명에 처하게 되었습니다.

1) 생명책에 기록되지 못한 사람은 모두 ⑬_____에 던지울 것입니다.

요한계시록 20장 13-15절

바다가 그 가운데에서 죽은 자들을 내주고 또 사망과 음부도 그 가운데에서 죽은 자들을 내주매 각 사람이 자기의 행위대로 심판을 받고 사망과 음부도 불못에 던져지니 이것은 둘째 사망 곧 불못이라 누구든지 생명책에 기록되지 못한 자는 불못에 던져지더라

○ Guide

사망(죽음)이란 존재의 소멸이 아니라 하나님으로부터 분리된 영혼을 말하며, 음부는 하나님을 믿지 않은 사람이 육체와 영혼이 분리되면서 가는 곳으로 불못이라고도 한다. 불못은 영원한 지옥이다. 생명책이란 예수 믿고 하나님의 생명을 얻어 하나님의 자녀가 된 사람들의 이름이 기록된 하나님 나라의 주민등록이다.

2) ⑭_____은 구더기도 죽지 않고 불도 꺼지지 않으며 사람마다 불로 소금 치듯 하는 무서운 곳입니다.

마가복음 9장 47-49절

만일 네 눈이 너를 범죄하게 하거든 빼버리라 한 눈으로 하나님의 나라에 들어가는 것이 두 눈을 가지고 지옥에 던져지는 것보다 나으니라 거기에서는 구더기도 죽지 않고 불도 꺼지지 아니하느니라 사람마다 불로써 소금 치듯 함을 받으리라

○ Guide

많은 사람들이 '지옥이 있는지는 죽어봐야 알지'라고 한다. 이런 사람은 '미국이 어디 있어? 가서 봐야 알지' 하는 사람 같다. 그런데 문제는 죽은 후에는 누구를 막론하고 지옥에서 천국으로 옮길 수 없다는 것이다. 천국에 가느냐 지옥에 가느냐는 이 땅에 살아 있는 동안 예수를 믿느냐 믿지 않느냐로 결정되기 때문이다.

6 죄로 인해 하나님께서 창조하신 모든 세상이 저주를 받음

하나님께서 처음 창조한 창조세계는 아름답고 완전했습니다. 그러나 인간의 범죄로 죄없는 창조세계마저 오염되어 훼손되고 말았습니다. 그리고 창조계의 오염과 훼손은 인간의 죄악의 증가와 더불어 점점 그 정도를 더해가고 있습니다.

1) 인간의 범죄로 온 땅이 ⑮_____를 받았습니다.

창세기 3장 17-18절
아담에게 이르시되 네가 네 아내의 말을 듣고 내가 네게 먹지 말라 한 나무의 열매를 먹었은즉 땅은 너로 말미암아 저주를 받고 너는 네 평생에 수고하여야 그 소산을 먹으리라 땅이 네게 가시덤불과 엉겅퀴를 낼 것이라 네가 먹을 것은 밭의 채소인즉

○ **Guide**

> 우리가 사는 세상은 아름답다. 그럼에도 불구하고 현재의 아름다움은 첫 창조된 세상의 아름다움에 비하면 심각하게 훼손을 입은 상태이다. 그리고 사탄의 지배 아래 사는 인간 세상의 어느 부분은 이제 복구가 불가능할 정도로 점점 훼손되어가고 있다.

2) 인간이 하나님을 떠나 사탄에게 순종함으로 지금 우리가 사는 세상은 ⑯_____ 사탄이 역사합니다.

에베소서 2장 1-3절
그는 허물과 죄로 죽었던 너희를 살리셨도다 그 때에 너희는 그 가운데서 행하여 이 세상 풍조를 따르고 공중의 권세 잡은 자를 따랐으니 곧 지금 불순종의 아들들 가운데서 역사하는 영이라 전에는 우리도 다 그 가운데서 우리 육체의 욕심을 따라 지내며 육체와 마음의 원하는 것을 하여 다른 이들과 같이 본질상 진노의 자녀이었더니

○ Guide

> 대한민국에 사는 사람들은 자신도 의식하지 못하는 사이에 대한민국 정부의 지배를 받고 살면서 거기서 벗어날 수 없다. 믿음 안에 있지 않은 사람들은 본질적으로 사탄의 지배 아래 있다. 사탄의 지배는 육신의 욕구를 좇는 것으로 나타난다. 육신의 욕구란 하나님과 상관없이 진행되는 모든 일이다. 사람들의 입장에서는 아무리 정당한 일이라도 그것이 하나님과 상관이 없다면 육신의 정욕이며, 안목의 정욕이고, 이생의 자랑뿐인데 이는 모두 사탄적인 것이다.

(해답)

① 여자 혹은 하와 ② 남자 또는 아담 ③ 사탄 ④ 듣지 ⑤ 피하여

⑥ 흙 ⑦ 쫓아 ⑧ 죽음 또는 사망 ⑨ 죄 ⑩ 죄 ⑪ 죄 ⑫ 사하심 ⑬ 불못

⑭ 지옥 ⑮ 저주 ⑯ 공중의 권세 잡은

두 번째 만남을 마치면서

1. 아담과 하와는 어쩌다가 죽음에 이르는 죄를 짓게 되었을까요?

2. 사람이 죽고 난 후 어떻게 되는지를 말해 봅시다.

3. 인간의 범죄로 온 세상이 저주를 받았는데 그 '사례'들을 말해 봅시다.

인간의 범죄로
파괴된 세상과 죽음의 저주에 이르게 된 인간은
원래 상태로의 회복이 절실해졌습니다.
원래 천국으로의 회복을 구원이라고 합니다.
다음 과에서는 세상과 인류를 구원하실 예수님에 대해 배웁니다.

구세주 예수 그리스도

주님께서 사망권세를 이기시다

죄의 결과로 인류에게 사망(죽음)이 찾아왔습니다. 사망 권세는 모든 인류 위에 절대적으로 군림해 왔습니다. 죽음에서 구원받으려는 인류의 노력에도 불구하고 죽음을 정복할 수는 없었습니다. 위인, 영웅, 학자, 의사 등 인류의 선생으로 추앙받았던 사람들도 죽음 앞에서는 무력했습니다. 드디어 하나님의 구원 사역이 시작되었습니다. 하나님께서 사람의 몸을 입으시고 인간 역사 가운데 인류를 구원하시기 위해 오셨습니다. 예수님입니다.

금주 암송요절 / 요한복음 14장 6절
  예수께서 이르시되 내가 곧 길이요 진리요 생명이니 나로 말미암지 않고는 아버지께로 올 자가 없느니라

1 구원은 예수님을 통해서만 받는다

하나님께서는 인간을 구원하는 길을 여러 가지로 만들지 않으셨습니다. 오직 하나님의 아들 예수 그리스도를 통해서만 인류가 구원을 얻도록 하셨습니다.

1) 예수님의 첫 번 메시지는 ①_____이 가까이 왔다는 것입니다.

> **마태복음 4장 17절**
> 이 때부터 예수께서 비로소 전파하여 이르시되 회개하라 천국이 가까이 왔느니라 하시더라

○ **Guide**

> 예수 그리스도께서 전파하신 복음은 천국복음이다. 아담 이후 구약의 모든 선지자들은 '메시아'라 이름 하는 구세주가 오시면 그 분이 에덴동산과 같은 천국을 이 땅에 다시 이루실 것이라고 예언했다. 예수는 선지자들과 신실한 성도들이 오랫동안 기다리던 메시아였다. 천국은 메시아의 나라이다. 예수께서 이 땅에 오심으로 메시아의 나라가 시작된 것이다.

2) 천국에 이르는 길, 구원에 이르는 길은 오직 한 길인데 ②_____을 통해서입니다.

> **요한복음 14장 6절**
> 예수께서 이르시되 내가 곧 길이요 진리요 생명이니 나로 말미암지 않고는 아버지께로 올 자가 없느니라

> **사도행전 16장 30-31절**
> 그들을 데리고 나가 이르되 선생들이여 내가 어떻게 하여야 구원을 받으리이까 하거늘 이르되 주 예수를 믿으라 그리하면 너와 네 집이 구원을 받으리라 하고

○ Guide

> 천국에 이르는 길은 오직 예수님을 통해서이다. 하나님께서 예수님을 그의 사
> 랑하는 아들이며 기뻐하는 자로 선언하셨으며, 예수님 스스로 자신이 하나님
> 께로 가는 유일한 길이심을 말씀하셨고, 이 진리를 깨달은 제자들이 하나님 나
> 라의 구원은 오직 예수님으로 말미암는다고 전했다.

3) 예수님 외에 다른 방법으로 ③_____ 얻을 수 없습니다.

사도행전 4장 11-12절

이 예수는 너희 건축자들의 버린 돌로서 집 모퉁이의 머릿돌이 되었느니라 다른
이로써는 구원을 받을 수 없나니 천하 사람 중에 구원을 받을 만한 다른 이름을
우리에게 주신 일이 없음이라 하였더라

○ Guide

> 하나님께 가는 길, 구원을 받는 길은 예수님뿐이다. 모든 종교가 서로 통한다
> 는 말은 거짓말이다. 예수교를 제외한 모든 종교는 본질상 우상을 섬기는 것이
> 고, 사탄으로부터 왔기 때문에 서로 통한다. 기독교만 생명을 구원하는 참 종
> 교이다.

2 반석, 모퉁잇돌, 산 돌이신 예수 그리스도

성경에는 돌(Stone)에 대한 이야기들이 많습니다. 돌베개, 반석, 바위, 건축자들이 버린 모퉁잇돌, 뜨인 돌, 산 돌 등 다양한 돌 이야기가 나옵니다. 성경에 나오는 돌들은 한결같이 세상의 유일한 구원자이신 우리 주 예수 그리스도를 가리키는 상징들입니다.

1) 야곱이 자기를 죽이려는 형 에서를 피해 도망가다가 밤이 되어 광야에서 한 ④_____을 가져다가 베개로 삼고 누웠고, 야곱은 이 ④_____이 하나님의 집이 될 것이라고 했습니다. 이 돌은 이스라엘의 조상인 야곱을 구원하고, 세상을 구원할 예수 그리스도를 상징합니다.

> 창세기 28장 10-22절
> 10. 야곱이 브엘세바에서 떠나 하란으로 향하여 가더니 11. 한 곳에 이르러는 해가 진지라 거기서 유숙하려고 그 곳의 한 돌을 가져다가 베개로 삼고 거기 누워 자더니 17. 이에 두려워하여 이르되 두렵도다 이 곳이여 이것은 다름 아닌 하나님의 집이요 이는 하늘의 문이로다 하고 18. 야곱이 아침에 일찍이 일어나 베개로 삼았던 돌을 가져다가 기둥으로 세우고 그 위에 기름을 붓고 19. 그 곳 이름을 벧엘이라 하였더라 22.내가 기둥으로 세운 이 돌이 하나님의 집이 될 것이요 하나님께서 내게 주신 모든 것에서 십분의 일을 내가 반드시 하나님께 드리겠나이다 하였더라

○ Guide

12돌
야곱의 12아들들의 후손인 이스라엘 12지파가 출애굽하여 가나안에 들어가면서 요단강을 건너갈 때 강 가운데에 12지파를 상징하는 돌 12개로 기념비를 세우게 한다(수 4:4-7). 그리고 요단강에서 가지고 온 그 12돌을 요단 건너 길갈에 세운다(수 4:20). 이스라엘 12지파는 돌로 상징되는 예수 그리스도의 교회였다.

2) 출애굽 한 이스라엘이 광야에서 목마르다며 모세를 향해 원망할 때, 하나님은 모세에게 ⑤_____을 치라고 하셨고, 모세가 반석을 치니 반석에서 생수가 터져 나와 이스라엘이 생수를 마시고 살았는데, 그 반석은 광야에서 이스라엘을 구원한 생명의 물이신 예수 그리스도를 상징합니다.

출애굽기 17장 6절
내가 호렙 산에 있는 그 반석 위 거기서 네 앞에 서리니 너는 그 반석을 치라 그것에서 물이 나오리니 백성이 마시리라 모세가 이스라엘 장로들의 목전에서 그대로 행하니라

고린도전서 10장 4절
다 같은 신령한 음료를 마셨으니 이는 그들을 따르는 신령한 반석으로부터 마셨으매 그 반석은 곧 그리스도시라

3) 건축자들(이스라엘을 대표하는 종교, 정치 지도자들)의 버린 돌이 집의 ⑥_____이 되었습니다. 누구든지 그를 믿는 자는 구원을 얻으리라고 했으니, 이 돌은 세상을 구원하시는 예수 그리스도를 상징합니다.

시편 118편 22-23절
건축자의 버린 돌이 집 모퉁이의 머릿돌이 되었나니 이는 여호와의 행하신 것이요 우리 눈에 기이한 바로다

마태복음 21장 42-44절
예수께서 이르시되 너희가 성경에 건축자들이 버린 돌이 모퉁이의 머릿돌이 되었나니 이것은 주로 말미암아 된 것이요 우리 눈에 기이하도다 함을 읽어 본 일이 없느냐 그러므로 내가 너희에게 이르노니 하나님의 나라를 너희는 빼앗기고 그 나라의 열매 맺는 백성이 받으리라 이 돌 위에 떨어지는 자는 깨지겠고 이 돌이 사람 위에 떨어지면 그를 가루로 만들어 흩으리라 하시니

로마서 9장 33절
기록된 바 보라 내가 걸림돌과 거치는 바위를 시온에 두노니 그를 믿는 자는 부끄러움을 당하지 아니하리라 함과 같으니라

○ Guide

모퉁잇돌(Cornerstone)

건축자들이 쓸모없다고 버린 돌이 집(교회, 성도)의 모퉁잇돌이 되었다. 모퉁잇돌은 건축을 하면서 제일 먼저 놓여지는 돌로써 다른 돌들은 모두 그 돌 다음에 놓여진다. 또한 이 돌은 건물을 지지하는 돌이다. 모든 다른 돌들은 그 위에 놓여지며 그 돌의 도움을 받는다. 그리스도는 사람이 인생을 건축하는 유일한 기초로서, 그 위에 놓여지지 않은 모든 것들은 다 무너진다. 우리는 모두 그리스도를 반석으로 하여 하나님께서 거하실 성령의 전으로, 교회로 지어져 간다 (엡 2:20-22).

4) 바벨론 포로에서 돌아온 이스라엘이 스룹바벨 성전을 세울 때 그가 ⑦ _____을 내놓을 때 무리가 은총 은총이 그에게 있을 지어다 했는데, 스룹바벨 성전의 머릿돌은 예수 그리스도를 상징합니다.

스가랴 4장 6-7절

그가 내게 대답하여 이르되 여호와께서 스룹바벨에게 하신 말씀이 이러하니라 만군의 여호와께서 말씀하시되 이는 힘으로 되지 아니하며 능력으로 되지 아니하고 오직 나의 영으로 되느니라 큰 산아 네가 무엇이냐 네가 스룹바벨 앞에서 평지가 되리라 그가 머릿돌을 내놓을 때에 무리가 외치기를 은총, 은총이 그에게 있을지어다 하리라

○ Guide

스룹바벨 성전의 모퉁잇돌

솔로몬 성전의 모퉁잇돌은 이방에서(레바논) 가져온 돌이었다. 그럼에도 불구하고 하나님께서는 다윗을 보시고 솔로몬이 건축한 성전을 받으셨지만, 결국은 성전은 파괴되고 이스라엘은 바벨론 포로로 잡혀갔다. 이스라엘이 포로에서 돌아와 지은 스룹바벨 성전에 놓인 머릿돌이 하나님께서 예비하신 진정한 모퉁잇돌이었다. 그래서 하나님께서는 외모는 솔로몬 성전에 비해 초라했지만, 예수 그리스도의 모퉁잇돌 위에 세워진 스룹바벨 성전을 크게 기뻐하셨던 것이다.

5) 예수님께서 ⑧_____ 위에 내 교회를 세우리니 음부의 권세가 이기지 못하리라고 하셨는데, 반석은 예수 그리스도이십니다.

마태복음 16장 18-19절
또 내가 네게 이르노니 너는 베드로라 내가 이 반석 위에 내 교회를 세우리니 음부의 권세가 이기지 못하리라 내가 천국 열쇠를 네게 주리니 네가 땅에서 무엇이든지 매면 하늘에서도 매일 것이요 네가 땅에서 무엇이든지 풀면 하늘에서도 풀리리라 하시고

6) 베드로는 예수 그리스도를 보배로운 ⑨ _____이신 예수, 건축자들이 버린 ⑥_____로 표현합니다. 산 돌, 모퉁잇돌은 모두 우리를 구원하시는 예수 그리스도를 상징합니다.

3 예수님은 누구신가?

예수님은 사람의 몸을 입고 이 땅에 오신 하나님이십니다. 동시에 예수님은 여자의 몸에서 태어난 사람이셨습니다. 사람은 사람이로되 죄가 없으신 분이셨습니다. 신성(神性)과 인성(人性)을 동시에 가지신 예수님만이 인간의 죄를 사하시고 구원하실 수 있습니다. 이제 그리스도 예수 안에 있는 사람들은 더 이상 죄가 요구하는 형벌을 받을 필요가 없게 되었습니다.

1) 예수님은 살아계신 ⑩_____이십니다.

마태복음 16장 16절
시몬 베드로가 대답하여 이르되 주는 그리스도시요 살아 계신 하나님의 아들이시니이다

○ Guide

> 예수님이 하나님의 아들이라는 의미는 이렇다. 아들은 아버지를 닮기도 하지만, 아버지를 대신할 수 있는 자이다. 아들은 아버지를 가장 완벽하게 보여주고, 아버지를 대신할 수 있는 존재이다. 하나님의 아들로서의 예수님은 하나님의 성품, 능력, 지혜 등을 완전하게 소유하심으로 하나님을 가장 잘 드러내시는 분이시다.

2) 예수님은 옛적부터 기다려온 ⑪_____이십니다.

마태복음 16장 16절
시몬 베드로가 대답하여 이르되 주는 그리스도시요 살아 계신 하나님의 아들이시니이다

○ Guide

> 하나님께서 보내 주시기로 약속한 인류의 구원자는 히브리어로 '메시아'인데 헬라어로는 '그리스도'로 번역했다. 메시아란 '하나님께서 기름을 부은 자'라는 의미이다. 구약에서는 하나님을 대신해서 하나님의 백성들을 다스린 왕, 하나님과 하나님의 백성 사이를 중보한 제사장, 하나님을 대신하여 백성들에게 하나님 말씀을 전한 선지자들에게 기름을 부어 그 사역을 감당하게 했다. 예수님은 만왕의 왕이시며, 대제사장이시고, 영원한 선지자로서 하나님으로부터 성령의 기름부음을 충만하게 받으셨다. 그리스도를 우리말로는 '구원자, 혹은 구세주'라고 한다.

3) 예수님은 ⑫_____이십니다.

요한복음 20장 28절
도마가 대답하여 이르되 나의 주님이시요 나의 하나님이시니이다

○ Guide

> 예수님이 하나님의 아들이요, 그리스도라 함은 곧 하나님이시라는 것이다. 예수님은 하나님이시다.

4 예수님은 우리 위해 무엇을 하셨는가?

예수님께서 세상에 오셔서 하신 일은 그의 백성을 죄로부터 구원하시는 일이었습니다. 우리를 죄로부터 구원하시기 위해 죄 없으신 주님께서 우리 죄를 대신해서 죄가 요구하는 모든 형벌을 완전하게 받으셨습니다. 이제 예수 안에 있는 사람들은 더 이상 죄가 요구하는 형벌을 받을 필요가 없습니다.

1) 예수님은 자기 백성을 죄에서 ⑬_____하시기 위해 오셨습니다.

마태복음 1장 21절
아들을 낳으리니 이름을 예수라 하라 이는 그가 자기 백성을 그들의 죄에서 구원할 자이심이라 하니라

○ Guide

> 예수님은 태어나기 전에 이미 그 이름을 지음받았다. '예수'라는 히브리어의 의미가 '자기 백성을 저희 죄에서 구원할 자'라는 뜻이다. 성경에서 구원이라는 단어는 질병으로부터의 구원, 원수로부터의 구원 등 다양하게 쓰이지만 주로 죄로부터의 구원에 대해 사용되며 인간의 진정한 구원은 죄로부터의 구원이다. 인간의 죄 때문에 질병, 고난, 죽음이 왔기 때문이다.

2) 예수님은 세상 ⑭_____를 지고 갈 어린 양으로 오셨습니다.

요한복음 1장 29절
이튿날 요한이 예수께서 자기에게 나아오심을 보고 이르되 보라 세상 죄를 지고 가는 하나님의 어린 양이로다

O **Guide**

> 예수님을 어린양이라고 한 이유는 이렇다. 죄를 지으면 죽는 것이 모든 사람의 운명이기 때문에 구약시대에는 사람이 죄를 용서받으려면 사람을 대신해서 짐승을 죽였는데, 주로 어린 양을 죽여서 제물로 드렸다. 그러나 짐승이 사람의 죄를 속할 수는 없었고, 짐승의 죽음은 어디까지나 완전한 한 사람이 모든 사람의 죄를 위해 죽을 것에 대한 모형(그림자)이었다. 예수님은 죄지은 사람들을 대신해 죽었던 짐승을 대신하는 영원한 어린양으로 오신 것이다.

3) 예수님께서는 우리를 구원하시기 위해 십자가에서 우리 ⑮_____ 때문에 우리 대신 죽으셨습니다.

베드로전서 3장 18절

그리스도께서도 단번에 죄를 위하여 죽으사 의인으로서 불의한 자를 대신하셨으니 이는 우리를 하나님 앞으로 인도하려 하심이라 육체로는 죽임을 당하시고 영으로는 살리심을 받으셨으니

로마서 5장 6-8절

우리가 아직 연약할 때에 기약대로 그리스도께서 경건하지 않은 자를 위하여 죽으셨도다 의인을 위하여 죽는 자가 쉽지 않고 선인을 위하여 용감히 죽는 자가 혹 있거니와 우리가 아직 죄인 되었을 때에 그리스도께서 우리를 위하여 죽으심으로 하나님께서 우리에 대한 자기의 사랑을 확증하셨느니라

O **Guide**

> 죽음은 오직 죄로 말미암는다. 예수님은 죽어야 할 죄가 없는 분이시다. 그럼에도 불구하고 죽으신 것은 순전히 우리의 죄를 대신한 죽음이었다.

4) 우리 죄를 대신하여 죽으셨던 주님은 사흘 만에 ⑯_____ 많은 사람들에게 보이셨습니다.

고린도전서 15장 3-8절

내가 받은 것을 먼저 너희에게 전하였노니 이는 성경대로 그리스도께서 우리 죄를 위하여 죽으시고 장사 지낸 바 되셨다가 성경대로 사흘 만에 다시 살아나사 게바에게 보이시고 후에 열두 제자에게와 그 후에 오백여 형제에게 일시에 보이셨나니 그 중에 지금까지 대다수는 살아 있고 어떤 사람은 잠들었으며 그 후에 야고보에게 보이셨으며 그 후에 모든 사도에게와 맨 나중에 만삭되지 못하여 난 자 같은 내게도 보이셨느니라

○ Guide

주님은 우리 모든 인류의 죄를 대신해서 죽으셨고, 우리가 영원히 받아야 할 지옥의 형벌까지 받으셨다. 그러나 주님은 죽은 지 사흘 만에 다시 살아나셨다. 예수님께서 죽음의 권세를 이기신 것이다.

5 예수 믿고 구원 받으라

죄인인 인간이 구원받아 하나님 앞에 서는 길은 오직 예수 그리스도의 인격과 그 분이 우리를 위해 하신 일을 믿는 것입니다. 이 복음 진리를 믿는 일과 회개하고 영접하는 일이 동시에 일어납니다.

1) 예수님을 믿고 그 분을 알게 되면 우리는 세리처럼 ⑰_____ 하면서 죄를 회개할 수밖에 없습니다.

누가복음 18장 13-14절
세리는 멀리 서서 감히 눈을 들어 하늘을 쳐다보지도 못하고 다만 가슴을 치며 이르되 하나님이여 불쌍히 여기소서 나는 죄인이로소이다 하였느니라 내가 너희에게 이르노니 이에 저 바리새인이 아니고 이 사람이 의롭다 하심을 받고 그의 집으로 내려갔느니라 무릇 자기를 높이는 자는 낮아지고 자기를 낮추는 자는 높아지리라 하시니라

○ **Guide**

> 회개란 예수님을 믿지 않고 하나님을 섬기지 않고 자기 스스로 삶의 주인이 되어 살던 사람이 예수님을 주인으로 모시고 살기로 결정하여 인생의 방향을 예수님을 향해 전환하는 것을 말한다.

2) 회개한 사람은 예수님을 ⑱_____ 하나님께서 예수님을 죽은 자 가운데서 살리신 것을 마음으로 믿습니다.

로마서 10장 9-10절
네가 만일 네 입으로 예수를 주로 시인하며 또 하나님께서 그를 죽은 자 가운데서 살리신 것을 네 마음에 믿으면 구원을 받으리라 사람이 마음으로 믿어 의에 이르고 입으로 시인하여 구원에 이르느니라

○ **Guide**

> 예수님을 주로 '시인한다'는 것은 하나님과 사람들 앞에서 예수님을 내 삶의
> 주인으로 인정하고 내 인생을 예수님께 맡긴다는 의미이다.
> "예수님은 나의 주인이시다! 나는 내 주인 되시는 예수님의 종이다!"

3) 이제 복음을 통해 내 마음 문을 두드리시는 주님의 음성을 듣고 마음
문을 열고 주님을 영접하면 주께서 그에게 ⑲_____ 그로 더불어 사십
니다.

요한계시록 3장 20절
볼지어다 내가 문 밖에 서서 두드리노니 누구든지 내 음성을 듣고 문을 열면 내가
그에게로 들어가 그와 더불어 먹고 그는 나와 더불어 먹으리라

○ **Guide**

> 주님께서는 당신이 주님 앞으로 돌아오기를 애타는 심정으로 기다리고 계신
> 다. 주님께서는 친구를 통해, 이웃들을 통해, 가끔은 전혀 모르는 사람을 통해,
> 전도자를 통해 당신을 부르신다. 당신이 주님을 모시기로 마음에 결심하고 "주
> 님, 이제 저에게 오세요. 내가 주께로 갑니다."라고 고백하면 주님께서는 당신
> 에게 오신다.

(해답)
① 천국 ② 예수님 ③ 구원 ④ 돌 ⑤ 반석 ⑥ 모퉁잇돌 ⑦ 머릿돌
⑧ 반석 ⑨ 산 돌 ⑩ 하나님의 아들 ⑪ 그리스도 ⑫ 하나님 ⑬ 구원 ⑭ 죄
⑮ 죄 ⑯ 다시 살아나사 ⑰ 하나님이여 불쌍히 여기소서 나는 죄인이로소이다
⑱ 주로 시인하며 ⑲ 들어가

세 번째 만남을 마치면서

    1. 저주받은 인간과 세상이 구원받을 수 있는 유일한 방법은 무엇입니까?

    2. 예수님께서 나를 위해 하신 일을 말해 봅시다.

    3. 진실로 예수님을 믿는다면 다음의 영접기도문을 진솔한 마음으로 고백해 봅시다.

하나님 아버지!
이 시간 저는 죽을 수밖에 없는 죄인임을 고백하고 회개합니다.
하나님을 모르고 살면서 지었던 죄를 용서해 주옵소서.
예수님께서 나의 죄를 대신하여 십자가에서 죽으셨음을 믿습니다.
주님께서 죽으신지 3일 만에 다시 사신 것을 믿습니다.
이제 예수님을 나의 주인으로 모십니다.
이제 나는 평생 예수님을 주인으로 모시고 주님 말씀에 순종하며 살겠습니다.
나를 구원하신 나의 주 예수님의 이름으로 기도합니다. 아멘.

네 번째 만남

구원하시는 성령님

모든 사람이 예수 믿을 수 있는 것은 아니다

아무나 교회 다니고 아무나 예수를 그리스도로 믿을 수 있고 모두가 천국에 갈 수 있다면 얼마나 좋을까요? 세상에 신비한 사건이 많다고 하지만 사람이 믿음을 가진다는 것처럼 신비한 일은 없습니다. 한 개인의 삶 가운데 성령께서 전격적으로 개입하심으로 예수 그리스도의 사건이 자신을 위한 구원 사건이었음을 알게 됩니다. 성령은 하나님의 영이며, 예수의 영이시고, 하나님이십니다. 성령님은 사람들이 예수를 주와 그리스도로 믿게 하시는 분이십니다. 성령께서 인도하시지 않으면 누구도 예수를 믿을 수 없으나, 성령께서 인도하시면 누구라도 예수를 믿지 않을 수 없습니다.

금주 암송요절 / 로마서 8장 28-30절
우리가 알거니와 하나님을 사랑하는 자 곧 그의 뜻대로 부르심을 입은 자들에게는 모든 것이 합력하여 선을 이루느니라 하나님이 미리 아신 자들을 또한 그 아들의 형상을 본받게 하기 위하여 미리 정하셨으니 이는 그로 많은 형제 중에서 맏아들이 되게 하려 하심이니라 또 미리 정하신 그들을 또한 부르시고 부르신 그들을 또한 의롭다 하시고 의롭다 하신 그들을 또한 영화롭게 하셨느니라

1 하나님께서 구원하실 자들을 부르신다

　　죄인의 구원은 하나님의 부르심을 통해 이루어집니다. 하나님께서는 성령님의 역사를 통해 구원하실 자들을 부르십니다. 성령님께서는 주로 전도자들의 전도를 통해 구원하실 자들을 부르십니다. 하나님께서 구원할 사람들은 때가 차면 전도자의 부름에 응답하여 교회로 나옵니다.

　　1) 하나님께서는 우리로 구원 얻게 하시기 위하여 복음으로 우리를 ① _____.

　　　　데살로니가후서 2장 13-14절
　　　　주께서 사랑하시는 형제들아 우리가 항상 너희에 관하여 마땅히 하나님께 감사할 것은 하나님이 처음부터 너희를 택하사 성령의 거룩하게 하심과 진리를 믿음으로 구원을 받게 하심이니 이를 위하여 우리의 복음으로 너희를 부르사 우리 주 예수 그리스도의 영광을 얻게 하려 하심이니라

　　○ **Guide**

　　　　인생은 누군가가 불러 줄 때부터 시작되며, 하나님께서 부를 때 진정한 의미에서의 인생이 시작된다. 하나님께서는 친구를 통해, 가족을 통해, 이웃 사람들을 통해, 때로는 전혀 알지 못했던 사람들, 사건들, 드물게는 꿈을 통해서도 구원 받을 사람들을 부르신다. 하나님께서 부르실 때 신속하게 응답하고 하나님 앞으로 나가야 한다.

　　2) 하나님의 부르심에는 ②_____하심이 없기 때문에 하나님의 부르심에 응답하는 사람은 반드시 구원을 받습니다.

　　　　로마서 11장 29절
　　　　하나님의 은사와 부르심에는 후회하심이 없느니라

○ Guide

> 사람은 내일 일을 알지 못하기 때문에 지난 일에 후회를 많이 하지만, 하나님의 부르심에는 후회하심이 없다. 하나님은 하나님의 기준에 합당한 사람을 부르시기 때문이다.

3) 청함을 받은 사람은 많으나 ③_____을 입어 구원받을 사람은 많지 않습니다.

마태복음 22장 14절
청함을 받은 자는 많되 택함을 입은 자는 적으니라

사도행전 28장 26-27절
일렀으되 이 백성에게 가서 말하기를 너희가 듣기는 들어도 도무지 깨닫지 못하며 보기는 보아도 도무지 알지 못하는도다 이 백성들의 마음이 우둔하여져서 그 귀로는 둔하게 듣고 그 눈은 감았으니 이는 눈으로 보고 귀로 듣고 마음으로 깨달아 돌아오면 내가 고쳐 줄까 함이라 하였으니

○ Guide

> 하나님께서는 주로 사람들을 통해 구원받을 사람을 부르신다. 그런데 전도자들은 어떤 사람이 하나님의 부르심을 받았는지 알 수 없다. 때문에 전도자들은 하나님께서 이 세상의 모든 사람을 불렀다고 여기고 그들 주변의 모든 사람들을 교회로, 복음으로 불러야 한다. 전도자들로부터 부름을 받은 사람들 중 하나님께서 택한 사람들을 하나님께서 특별히 부르신다. 하나님께서는 대부분의 사람들은 그냥 내버려 두시지만, 택한 사람들에게는 하나님께 나올 수 있도록 마음을 열어 믿음을 주신다. 하나님께서 믿음을 주신 사람만 하나님을 믿을 수 있고 하나님의 부르심에 응답할 수 있는 것이다.

2 하나님은 부르신 자들을 중생(重生)하게 하신다

거듭남이라고도 하는 중생이란 새로 태어남을 말합니다. 인간에게는 육신의 생명만 있고 하나님의 영생하는 생명이 없기 때문에 반드시 멸망하게 되어 있습니다. 그런데 하나님께서는 성령의 신비한 사역을 통해 부르신 자들 안에 하나님의 새 생명을 넣어주심으로 멸망치 않고 영생을 얻게 하십니다. 이 과정을 거듭남(중생)이라고 합니다.

1) 사람이 ④_____ 아니하면 하나님 나라를 볼 수도, 들어갈 수도, 알 수도 없습니다.

요한복음 3장 3절
예수께서 대답하여 이르시되 진실로 진실로 네게 이르노니 사람이 거듭나지 아니하면 하나님의 나라를 볼 수 없느니라

○ Guide

모든 사람이 하나님 나라를 볼 수 있고, 알 수 있다면 얼마나 좋을까? 하나님 나라는 거듭난 사람, 하나님으로부터 다시 태어난 사람만 볼 수 있고, 알 수 있다.

2) 거듭난다고 하는 것은 ⑤_____ 나는 것을 말합니다. 육으로 난 것은 육일뿐이고 반드시 멸망합니다. ⑤_____ 난 것은 영이요, 거듭남입니다. 거듭남은 성령님의 신비로운 사역입니다.

요한복음 3장 5-8절
예수께서 대답하시되 진실로 진실로 네게 이르노니 사람이 물과 성령으로 나지 아니하면 하나님의 나라에 들어갈 수 없느니라 육으로 난 것은 육이요 영으로 난 것은 영이니 내가 네게 거듭나야 하겠다 하는 말을 놀랍게 여기지 말라 바람이 임

의로 불매 네가 그 소리는 들어도 어디서 와서 어디로 가는지 알지 못하나니 성령
으로 난 사람도 다 그러하니라

○ Guide

'물과 성령으로 난다'는 것은 하나님의 초자연적인 역사로 하나님의 말씀과 하
나님의 영으로 난다는 것입니다. 부모로부터 태어난 것을 '육'이라고 한다. 하
나님의 부르심으로 새롭게 태어나는 것을 '영생' 혹은 '거듭남', '구원받음', '위
로부터 태어남' 등으로 표현한다.

3) 우리를 구원하시는 하나님은 우리의 선한 행위로 우리를 구원하시는 것
이 아니라 ⑥_____의 씻음과 ⑦ _____의 새롭게 하심으로 우리를 구
원하십니다.

디도서 3장 5절
우리를 구원하시되 우리가 행한 바 의로운 행위로 말미암지 아니하고 오직 그의
긍휼하심을 따라 중생의 씻음과 성령의 새롭게 하심으로 하셨나니

○ Guide

'중생'이라는 용어도 하나님의 신비한 역사로 다시 태어나는 것을 말한다. '중
생'은 하나님의 영이신 성령의 역사하심으로 일어나게 된다.

3 인간은 회개함으로 생명을 얻는다

생명에 이르는 회개는 구원의 은혜입니다. 자기 생각이 옳은 줄로 알고 세상을 살던 사람에게 하나님의 구원의 은혜가 임하면 자기가 죄인인 것을 깨닫고 애통해 합니다. 죄를 지으며 자기 소원하는 대로 살아오던 죄로부터의 삶에서 돌이켜 하나님께 돌아가서 이제는 하나님과 동행하는 삶을 살고자 하는 것이 회개입니다.

1) 회개란 하나님과 상관없이 내 마음대로 살던 삶이 죄였다는 사실을 깨닫고, 내가 주인 되어 살던 삶을 중단하고 하나님 ⑧_____께 돌아가는 것입니다.

> **누가복음 15장 17-20절**
> 이에 스스로 돌이켜 이르되 내 아버지에게는 양식이 풍족한 품꾼이 얼마나 많은가 나는 여기서 주려 죽는구나 내가 일어나 아버지께 가서 이르기를 아버지 내가 하늘과 아버지께 죄를 지었사오니 지금부터는 아버지의 아들이라 일컬음을 감당하지 못하겠나이다 나를 품꾼의 하나로 보소서 하리라 하고 이에 일어나서 아버지께로 돌아가니라 아직도 거리가 먼데 아버지가 그를 보고 측은히 여겨 달려가 목을 안고 입을 맞추니

○ Guide

> 인간을 창조하신 분은 하나님이시다. 하나님은 우리 모든 인간의 영적 아버지이시다. 그런데 사람들은 영적 아버지인 하나님을 창조주로, 아버지로 인정하지 않고, 하나님이 없다고 하거나, 하나님 대신 우상을 섬기면서(우상에는 자기 자신도 포함됩니다) 살아가고 있다. 이것은 잘못된 것이고 죄이다. 사람들이 하나님을 창조주와 아버지로 인정하고 영혼의 아버지 되신 하나님께 돌아가는 것을 회개라고 한다. 이런 회개는 사실상 일생을 통해 한 번 일어난다는 의미에서 인생의 새로운 출발점이라고 할 수 있다.

2) 참된 회개는 예수를 주와 그리스도로 믿어 세례를 받음으로 ⑨_____사함
을 받는 것입니다.

> **사도행전 2장 36-38절**
> 그런즉 이스라엘 온 집은 확실히 알지니 너희가 십자가에 못 박은 이 예수를 하나
> 님이 주와 그리스도가 되게 하셨느니라 하니라 그들이 이 말을 듣고 마음에 찔려
> 베드로와 다른 사도들에게 물어 이르되 형제들아 우리가 어찌할꼬 하거늘 베드로
> 가 이르되 너희가 회개하여 각각 예수 그리스도의 이름으로 세례를 받고 죄 사함
> 을 받으라 그리하면 성령의 선물을 받으리니

○ **Guide**

> 하나님께 돌아가는 참된 회개는 예수 믿음으로 시작된다. 예수께서 '나의 죄'를
> 위해 '나'를 대신해서 십자가에서 죽으심으로 '나의 죄'를 사해 주셨고 '나를 다
> 시 살리시기 위해 죽은 지 3일 만에 다시 사심'으로 '나의 생명을 구원하신 주'
> 가 되셨다는 성경의 가르침을 믿고 예수 앞에 나와 예수님을 주인으로 섬기는
> 삶을 살겠다고 결정하는 것이 회개이다.

3) 하나님께서는 모든 사람들에게 생명 얻는 ⑩_____의 기회를 주셨
습니다. 회개하여 하나님께 돌아가는 사람은 구원을 얻습니다.

> **사도행전 11장 18절**
> 그들이 이 말을 듣고 잠잠하여 하나님께 영광을 돌려 이르되 그러면 하나님께서
> 이방인에게도 생명 얻는 회개를 주셨도다 하니라

○ **Guide**

> 하나님께서는 모든 사람이 복음을 듣고 회개할 수 있는 기회를 주셨다. 회개할
> 기회가 없어서 회개하지 못했다고 할 수는 없다. 오늘날에도 예수를 주와 그리
> 스도로 영접하라는 회개의 복음이 전도자들을 통해, 신문, 방송 등의 대중 매
> 체를 통해 계속 전해지고 있으며, 이 복음을 위해 선교사들이 온 세상 땅 끝까
> 지 나아가 복음을 전하고 있고, 교회는 선교사들을 보내고 있다.

4 믿음으로 구원받는다

하나님께서는 구원하실 자에게는 구원 얻기에 충분한 믿음을 주십니다. 성령님께서는 사람이 자신의 죄와 비참함과 인간 스스로 구원에 이를 수 없기 때문에 예수께서 우리 죄를 위해 죽으셔야만 했던 진리를 깨닫게 하십니다. 이러한 성령의 역사가 임하는 사람은 자신의 모든 인격과 생명을 걸고 예수를 주와 그리스도로 영접합니다.

1) 죄인을 구원하는 믿음은 하나님의 ⑪_____을 들음으로, 그리스도의 ⑪_____으로 말미암습니다.

로마서 10장 17절
그러므로 믿음은 들음에서 나며 들음은 그리스도의 말씀으로 말미암았느니라

○ Guide

모든 종류의 믿음은 보거나 들음으로 생겨난다. 보지도, 듣지도 않고는 믿음이 생길 수 없다. 예수가 주시라는 믿음도 예수 그리스도에 대해 기록한 하나님의 말씀인 성경 말씀을 들음으로 생겨난다. 전도자들은 성경 말씀을 전하고, 사람들은 이 성경 말씀을 들음으로 믿음이 생기는 것이다.

2) 아무 것이나 믿어서 구원을 얻는 것은 아닙니다. 오직 예수 그리스도를 ⑫_____으로 구원을 얻을 수 있습니다.

사도행전 16장 30-31절
그들을 데리고 나가 이르되 선생들이여 내가 어떻게 하여야 구원을 받으리이까 하거늘 이르되 주 예수를 믿으라 그리하면 너와 네 집이 구원을 받으리라 하고

○ Guide

> 믿음에도 여러 종류가 있다. 석가모니, 공자 등을 믿는 믿음은 일반 사람을 믿는 믿음과 동일하다. 왜냐하면 그들 또한 우리와 다름없는 인간이기 때문이다. 예수님을 믿는 믿음만이 참 믿음이다. 예수님만이 우리 죄를 속하기 위해 우리 대신 죽으셨다 다시 사신 하나님의 아들이시고, 구세주이시기 때문이다.

3) 예수 그리스도를 영접하는 자 곧 그 이름을 ⑬_____ 자들에게는 하나님의 자녀가 되는 권세를 주십니다.

요한복음 1장 12절
영접하는 자 곧 그 이름을 믿는 자들에게는 하나님의 자녀가 되는 권세를 주셨으니

○ Guide

> 권세에도 여러 종류가 있다. 신분의 높고 낮음에 따르는 권세, 소유의 다소에 따르는 권세 등, 그러나 최고의 권세는 천지를 창조하시고 만물의 주인이신 하나님의 권세이다. 하나님의 아들 예수를 주와 그리스도로 믿는 사람들에게는 하나님의 자녀가 되는 권세를 주신다. 하나님의 자녀가 되면 사탄이 주는 죽음의 권세에서 해방되며 하나님의 나라를 유업으로 받고, 하나님께 기도하면 응답을 받는 등 엄청난 권세를 누리게 된다.

5 하나님께서 의롭다고 인정하신다

하나님은 그의 아들 예수를 믿는 자들을 의롭다고 하십니다. 죄인을 의롭다고 하시는 것은 하나님께서 거저 주시는 은혜입니다. 우리의 모든 죄를 용서하시고 우리를 의롭다고 인정하는 칭의(稱義)는 예수 그리스도를 믿는 믿음으로 주어집니다.

1) 하나님께서는 예수를 죄인을 위한 화목 제물로 세우셨습니다. 하나님께서는 예수 믿는 자들의 죄를 용서하시고 믿는 자를 ⑭＿＿＿＿＿ 하십니다.

로마서 3장 24-26절
그리스도 예수 안에 있는 속량으로 말미암아 하나님의 은혜로 값 없이 의롭다 하심을 얻은 자 되었느니라 이 예수를 하나님이 그의 피로써 믿음으로 말미암는 화목제물로 세우셨으니 이는 하나님께서 길이 참으시는 중에 전에 지은 죄를 간과하심으로 자기의 의로우심을 나타내려 하심이니 곧 이 때에 자기의 의로우심을 나타내사 자기도 의로우시며 또한 예수 믿는 자를 의롭다 하려 하심이라

○ Guide

'의롭다' 함은 하나님 앞에 서기에 합당한 상태임을 말한다. 죄 없는 사람만이 하나님 앞에 설 수 있다. 하나님께서는 예수께서 우리 죄를 위해 죽으심으로 우리 죄가 용서되었음을 믿는 자들을 '의롭다', '죄 용서받았다'라고 선언하신다.

2) 우리가 의롭게 된 것은 우리의 선한 행위로 말미암지 않고 오직 ⑮ ＿＿＿＿＿으로 입니다.

갈라디아서 2장 16절

사람이 의롭게 되는 것은 율법의 행위로 말미암음이 아니요 오직 예수 그리스도
를 믿음으로 말미암는 줄 알므로 우리도 그리스도 예수를 믿나니 이는 우리가 율
법의 행위로써가 아니고 그리스도를 믿음으로써 의롭다 함을 얻으려 함이라 율법
의 행위로써는 의롭다 함을 얻을 육체가 없느니라

○ Guide

죄인을 의롭다고 하는 근거는 우리 인간의 의로운 행위에 있지 않다. 예수를
믿는다는 단 한 가지 이유, 예수 믿음 때문에 우리를 의롭다고 하신다. 이것이
다른 모든 선행 종교와 기독교의 차이이다. 사실상 인간의 의로운 행위는 그
기준도 모호하고 100% 의롭게 살 수 있는 사람은 세상에 한 사람도 없다.

6 하나님께서 우리 구원을 영원히 책임지십니다

하나님께서는 한 번 구원한 사람을 영원히 책임지십니다. 구원받은 사람이 잠시 타락하였다 할지라도 다시 사망에 이르는 죄를 범하여 멸망에 이르기까지 내버려 두지는 않으십니다.

1) 예수 그리스도께서는 우리를 위해 ⑯_____한 속죄를 이루셨기 때문에 한번 받은 우리의 구원은 영원합니다.

히브리서 9장 12절
염소와 송아지의 피로 하지 아니하고 오직 자기의 피로 영원한 속죄를 이루사 단번에 성소에 들어가셨느니라

○ Guide

주님께서 오시기 전, 짐승을 가지고 드렸던 제사는 죄를 지을 때마다 짐승을 잡아 제사를 드려야 했다. 예수 그리스도께서 오심으로 죄인들을 위해 드린 속죄 제사는 한 번 드림으로 영원한 효력을 갖는 제사이다. 예수 그리스도께서 자기 몸으로 단번에 드린 제사가 영원한 효력을 가지기 때문에, 이를 믿는 우리의 구원도 영원하다.

2) 우리는 예수님을 믿고 하나님을 믿었으니 ⑰_____을 얻었습니다. 심판에 이르지 않습니다. 사망에서 생명으로 옮겨졌습니다. 영원한 심판이 나에게 임하지 않습니다.

요한복음 5장 24절
내가 진실로 진실로 너희에게 이르노니 내 말을 듣고 또 나 보내신 이를 믿는 자는 영생을 얻었고 심판에 이르지 아니하나니 사망에서 생명으로 옮겼느니라

○ Guide

> **영생을 얻었고**
> 우리는 영생을 미래로 생각하는 경향이 있다. 그런데 과거에 일어난 사건, 즉
> 우리가 예수 믿을 때부터 영생을 얻었다고 한다. 그러기 때문에 죄로 인한 심
> 판을 받지 않으며, 죄의 결과인 사망에도 이르지 않는다.

3) 주님께서 우리에게 주시는 영생은 ⑱ _____ 멸망치 않으며, 우리
의 허물과 죄, 사탄의 흉계도 우리의 영원한 생명을 하나님으로부터 빼앗을 수
없습니다.

요한복음 10장 28절
내가 그들에게 영생을 주노니 영원히 멸망하지 아니할 것이요 또 그들을 내 손에
서 빼앗을 자가 없느니라

○ Guide

> 하나님께서는 구원받은 백성들의 구원을 영원히 책임지신다. 구원받은 사람들
> 도 실수하고 죄를 지을 수는 있으나 하나님의 영원하신 붙드심으로 구원을 보
> 장받는다.

(해답)

① 부르신다 ② 후회 ③ 택함 ④ 거듭나지 ⑤ 물과 성령으로 ⑥ 중생
⑦ 성령 ⑧ 아버지 ⑨ 죄 ⑩ 회개 ⑪ 말씀 ⑫ 믿음 ⑬ 믿는 ⑭ 의롭다
⑮ 믿음 ⑯ 영원 ⑰ 영생 ⑱ 영원히

네 번째 만남을 마치면서

　　성령님께서는 예수님께서 이루신 구원을 오늘날 우리 각 사람들을 불러 구원에 이르도록 적용하십니다.

　　1. 하나님으로부터 부름받은 당신의 경험을 이야기해 보세요.

　　2. 당신은 언제부터 스스로를 죄인이라고 생각하게 되었나요?

　　3. 회개하고 하나님께 돌아가면 구원받습니다. 당신은 진심으로 하나님께 돌아왔습니까?

구원받지 못한 사람은 구원받아야 하고
구원받은 사람은 확신이 있어야 합니다.
다음 과에서는 구원의 확신과 증거에 대해 배우도록 합니다.

다섯 번째 만남

구원의 확신

증거

    구원받은 사람에게는 구원받은 증거가 있습니다. 구원을 받았으나 확신이 없는 사람들은 구원받은 증거를 통해 자신의 구원을 확신할 수 있습니다. 구원받은 증거는 신적인 영역과 개인적인 영역 그리고 교회적인 영역이 있습니다. 신적인 영역은 하나님의 말씀입니다. 하나님 말씀은 구원의 확신의 절대적 기준입니다.

    주님께서는 "천지는 없어질지언정 내 말은 없어지지 아니하리라"(마 24:35)라고 하십니다. 구원의 확신에 있어서 인간적인 영역은 하나님 말씀에 대한 개인의 반응으로 지·정·의 삼요소로 구분이 됩니다. 구원의 확신을 강조하는 많은 경우 정적인 면인 기쁨, 열정, 헌신 등만을 강조하는 경향이 있습니다.

    그러나 구원은 전 인격적인 것이기 때문에 정적인 요소와 더불어 지적인 이해와 의지적 변화가 동시에 나타납니다. 그리고 구원의 확신을 다루면서 거의 언급하지 않는 영역이 있는데 교회의 세례입니다. 교회의 세례는 대단히 중요한 구원받은 증거이며 확신입니다. 개인의 구원받은 객관적 증거는 교회가 베푸는 세례입니다.

> 금주 암송요절 / 요한복음 5장 24절
>   내가 진실로 진실로 너희에게 이르노니 내 말을 듣고 또 나 보내신 이를 믿는 자는 영생을 얻었고 심판에 이르지 아니하나니 사망에서 생명으로 옮겼느니라

1 확신의 근거는 하나님 말씀이다

우리가 구원을 확신할 수 있는 가장 중요한 근거는 하나님 말씀입니다. 하나님께서는 사람이 구원을 받았는가 아닌가를 성경을 통해 말씀하고 계십니다.

1) 모든 성경은 ①_____으로 기록되었습니다.

> 디모데후서 3장 16절
> 모든 성경은 하나님의 감동으로 된 것으로 교훈과 책망과 바르게 함과 의로 교육하기에 유익하니

2) 하나님께서는 성경을 통해 말씀하시고 말씀하신 것은 반드시 ②_____ 하십니다.

> 민수기 23장 19절
> 하나님은 사람이 아니시니 거짓말을 하지 않으시고 인생이 아니시니 후회가 없으시도다 어찌 그 말씀하신 바를 행하지 않으시며 하신 말씀을 실행하지 않으시랴

○ Guide

> 하나님께서는 하나님께서 장차 이루시려는 계획을 성경을 통해 말씀하시는데 이것이 우리 인간에게는 약속으로 나타난다. 하나님께서 성경에 기록하신 약속을 이루시는 첫 번째는 하나님의 신실하심에 있다. 사람들은 그 성품의 특성상 약속을 해도 어기는 수가 많으나 하나님은 신실하시기 때문에 약속을 지키신다. 그리고 하나님의 전능하심이다. 사람은 약속한 것을 지키고 싶어도 때로 능력이 없어서 지킬 수 없다. 그러나 하나님은 약속하신 것은 반드시 지키실 수 있는 전능하신 분이시다.

3) 하나님께서 성경을 기록한 목적은 ③_____이 있음을 알게 하기 위함입니다.

요한일서 5장 13절
내가 하나님의 아들의 이름을 믿는 너희에게 이것을 쓰는 것은 너희로 하여금 너희에게 영생이 있음을 알게 하려 함이라

○ Guide

'영생(永生)'이란 하나님께로부터 받은 영원히 사는 생명, 구원받은 생명, 혹은 구원을 말한다. 성경이 B.C 1400년경부터 A.D 100년경까지 약 1500년이라는 오랜 세월 동안 왕, 농부, 목자, 선지자, 제사장, 세리, 어부 등의 다양한 직업을 가졌던 40여 명의 사람들에 의해 구약 39권, 신약 27권의 방대한 분량으로 기록되었는데, 그 기록된 목적은 우리 인간의 구원을 위해서이며, 우리가 구원받으려면 예수를 믿어야 한다는 것이다. 구약성경은 오실 예수님에 대해, 신약성경은 오신 예수님에 대해 기록하고 있다.

4) 믿음의 결국은 ④_____을 받음입니다.

베드로전서 1장 8-9절
예수를 너희가 보지 못하였으나 사랑하는도다 이제도 보지 못하나 믿고 말할 수 없는 영광스러운 즐거움으로 기뻐하니 믿음의 결국 곧 영혼의 구원을 받음이라

○ Guide

믿음의 유익은 많다. 하나님께서 믿는 자에게 주시는 여러 가지 복, 하나님 나라의 유업 등, 그러나 가장 소중한 것은 태어나는 순간부터 지옥에 가기로 저주받은 우리 죄인들이 믿음으로 말미암아 죄사함받고 지옥의 저주, 사망권세로부터 구원을 받아 하나님 나라의 영생하는 생명에 참여하는 것이다.

2 구원받은 사람은 하나님 말씀에 지적(知的)으로 동의한다

세상 모든 사람이 성경을 하나님의 말씀으로 믿지는 않습니다. 성령께서 역사하심으로 예수 믿고 구원받은 사람들만이 하나님께서 성경을 통해서 하신 말씀을 가감없이 믿습니다.

1) 예수님 그리스도를 믿는 사람은 이미 ⑤_____을 얻었습니다.

요한복음 5장 24절
내가 진실로 진실로 너희에게 이르노니 내 말을 듣고 또 나 보내신 이를 믿는 자는 영생을 얻었고 심판에 이르지 아니하나니 사망에서 생명으로 옮겼느니라

○ Guide

믿음을 미래형으로만 여기는 사람들이 많다. 그러나 우리가 믿는 순간 우리 영혼은 이미 구원을 받은 것이다. 왜냐하면 우리의 믿음과 동시에 하나님께서는 우리의 구원을 보증하는 성령을 우리에게 부어주시기 때문이다.

2) 하나님의 뜻은 아들을 믿는 자들에게 ⑤_____을 얻게 하는 것입니다.

요한복음 6장 40절
내 아버지의 뜻은 아들을 보고 믿는 자마다 영생을 얻는 이것이니 마지막 날에 내가 이를 다시 살리리라 하시니라

○ Guide

하나님의 뜻은 하나님을 믿지 않는 사람이 하나님의 아들 예수를 믿어 구원받는 것이다.

3) 믿는 자는 이미 ⑤_____을 가졌습니다.

요한복음 6장 47절
진실로 진실로 너희에게 이르노니 믿는 자는 영생을 가졌나니

○ Guide

믿는 자들은 영생하는 하나님의 생명을 소유하고 있다. 이 생명은 우리가 믿는
순간 하나님께서 신비한 성령의 역사로 우리에게 선물로 주신 것이다.

3 구원받은 사람에게는 의지적 결단인 신앙고백이 있다

성령께서 역사하심으로 구원받은 사람은 하나님의 말씀을 믿을 뿐만 아니라 자신의 믿음을 하나님 앞에서와 사람들 앞에서 당당하게 고백합니다.

1) 예수님 믿고 성령받아 구원받은 사람은 예수님을 ⑥_____로 고백합니다. 예수를 ⑥_____로 시인하고 하나님께서 그를 죽은 자 가운데서 살리신 것을 마음에 믿으면 구원받습니다.

> 고린도전서 12장 3절
> 그러므로 내가 너희에게 알리노니 하나님의 영으로 말하는 자는 누구든지 예수를 저주할 자라 하지 아니하고 또 성령으로 아니하고는 누구든지 예수를 주시라 할 수 없느니라

○ Guide

성령을 받은 사람은 구원받은 사람이며, 이들은 예수님을 '주'로 고백하고 실질적인 '주인'으로 모신다. 그러나 성령받지 못한 사람들은 예수를 '주'로 고백하거나 '주인'으로 모실 수 없다.

2) 예수님 믿고 성령받아 구원받은 사람은 하나님을 ⑦_____라고 부릅니다.

> 로마서 8장 14-15절
> 무릇 하나님의 영으로 인도함을 받는 사람은 곧 하나님의 아들이라 너희는 다시 무서워하는 종의 영을 받지 아니하고 양자의 영을 받았으므로 우리가 아빠 아버지라고 부르짖느니라

로마서 10장 9-10절
네가 만일 네 입으로 예수를 주로 시인하며 또 하나님께서 그를 죽은 자 가운데서 살리신 것을 네 마음에 믿으면 구원을 받으리라 사람이 마음으로 믿어 의에 이르고 입으로 시인하여 구원에 이르느니라

❍ Guide

> 성령받고 구원받은 또 다른 증거는 하나님을 '아버지'라고 고백하고 하나님을 '아버지'로 모신다. 그러나 성령받지 못한 사람, 구원받지 못한 사람은 결코 하나님을 '아버지'로 고백하지 못하고, '아버지'로 모시지도 못한다.

3) 예수님 믿고 성령받아 구원받은 사람은 예수님을 ⑧_____시요 살아 계신 ⑨_____이라고 그 신앙을 고백합니다.

마태복음 16장 15-16절
이르시되 너희는 나를 누구라 하느냐 시몬 베드로가 대답하여 이르되 주는 그리스도시요 살아 계신 하나님의 아들이시니이다

❍ Guide

> 고백은 대단히 중요하다. 사랑한다는 고백을 통해 결혼관계가 성립되는 것처럼 신앙고백을 통해 구원이 확증된다. 예수님을 '주, 그리스도, 하나님의 아들'로 만인 앞에서 고백할 수 있는 신앙을 통해, 신앙을 고백하는 사람의 구원 여부를 확인할 수 있다.

4 구원받은 사람에게는 정서적 변화가 일어난다

구원받은 사람들에게는 정서적 변화가 나타납니다. 정서적 변화의 주요 부분은 하나님을 사랑함과 죄를 멀리하려는 마음입니다.

1) 구원받은 사람은 ⑩_____을 사랑합니다.

시편 18편 1절
나의 힘이신 여호와여 내가 주를 사랑하나이다

신명기 6장 5절
너는 마음을 다하고 뜻을 다하고 힘을 다하여 네 하나님 여호와를 사랑하라

○ **Guide**

> 예수 믿음으로 성령받고 구원받은 사람에게 나타나는 첫 번째 정서적 반응은 하나님을 사랑하는 것이다. 당신이 세상 누구보다, 세상 무엇보다 하나님을 더 사랑한다면 당신은 구원받은 사람이다. 그러나 당신에게 하나님보다 더 사랑하고 관심이 많은 것이 있다면 구원받지 못한 것이다.

2) 구원받은 사람은 하나님의 ⑪_____을 지킵니다.

요한일서 5장 2-3절
우리가 하나님을 사랑하고 그의 계명들을 지킬 때에 이로써 우리가 하나님의 자녀를 사랑하는 줄을 아느니라 하나님을 사랑하는 것은 이것이니 우리가 그의 계명들을 지키는 것이라 그의 계명들은 무거운 것이 아니로다

○ **Guide**

> 그러면 보이지 않는 하나님을 어떻게 사랑할 수 있을까? 하나님을 사랑한다는 것은 하나님의 계명을 지키는 것으로 나타난다. 계명이란 하나님의 말씀, 성경 말씀을 말한다. 말로는 하나님을 사랑한다고 하면서 말씀에 순종하지 않는다면 하나님을 사랑하는 것이 아니다.

3) 구원받은 사람은 ⑫_____합니다.

요한일서 4장 10-12절

사랑은 여기 있으니 우리가 하나님을 사랑한 것이 아니요 하나님이 우리를 사랑
하사 우리 죄를 속하기 위하여 화목 제물로 그 아들을 보내셨음이라 사랑하는 자
들아 하나님이 이같이 우리를 사랑하셨은즉 우리도 서로 사랑하는 것이 마땅하도
다 어느 때나 하나님을 본 사람이 없으되 만일 우리가 서로 사랑하면 하나님이 우
리 안에 거하시고 그의 사랑이 우리 안에 온전히 이루어지느니라

○ Guide

성령받고 구원받은 사람은 동일한 믿음을 가진 교회 성도들을 사랑한다. 이들
은 모두 한 분 하나님을 아버지로 모시고, 한 분 예수님을 주님으로 모시는 한
가족, 한 형제들이기 때문이다.

4) 예수님을 믿는 사람들은 믿는 사람들을 ⑬_____합니다.

요한일서 5장 1절

예수께서 그리스도이심을 믿는 자마다 하나님께로부터 난 자니 또한 낳으신 이를
사랑하는 자마다 그에게서 난 자를 사랑하느니라

○ Guide

비록 나라는 다르고, 피부색이 다르고, 먹고 사는 방식이 달라도 예수 믿는 사
람들끼리는 국경을 초월해서, 인종을 초월해서 서로를 알아보고 사랑한다. 이
것이 구원받은 사람들의 특징이다.

5) 구원받은 사람에게는 성령의 ⑭_____가 나타납니다.

고린도전서 12장 4절
은사는 여러 가지나 성령은 같고

갈라디아서 5장 22절
오직 성령의 열매는 사랑과 희락과 화평과 오래 참음과 자비와 양선과 충성과

○ Guide

성령받은 사람에게는 한 두 가지 은사가 나타난다. 그리고 열매가 맺혀진다.
은사와 열매는 시간이 흐르면서 나타난다.

5 구원받은 사람에게는 교회가 인정하는 증거가 있다

구원받았다고 주장하는 사람에게 가장 확실한 증거가 있다면 그것은 교회가 베푸는 세례입니다. 세례는 하나님께서 교회에 위임한 하나님 백성이 되었다는 증명서입니다.

1) ⑮_____는 성도가 구원받은 분명한 증거입니다.

> 베드로전서 3장 21절
> 물은 예수 그리스도께서 부활하심으로 말미암아 이제 너희를 구원하는 표니 곧 세례라 이는 육체의 더러운 것을 제하여 버림이 아니요 하나님을 향한 선한 양심의 간구니라

○ Guide

교회에서는 예수님을 주로 영접하고 성령받은 사람에게 그 믿은바 신앙을 점검한 후에 세례를 베푼다. 따라서 교회에서 베푸는 세례는 성도의 구원을 보증해주는 유일한 외적인 표이다. 세례는 일생 한번 받는다.

(해답)
① 하나님의 감동 ② 실행 ③ 영생 ④ 영혼의 구원 ⑤ 영생 ⑥ 주
⑦ 아버지 ⑧ 그리스도 ⑨ 하나님의 아들 ⑩ 하나님 ⑪ 계명
⑫ 서로 사랑 ⑬ 사랑 ⑭ 은사와 열매 ⑮ 세례

다섯 번째 만남을 마치면서

다음 질문에 정직하게 대답해 보세요.

1. 예수님을 믿습니까?　　　　　　　　　　예　아니요　모르겠습니다.
2. 예수님이 지금 당신 안에 계십니까?　　　예　아니요　모르겠습니다.
3. 당신은 죄 사함을 받았습니까?　　　　　예　아니요　모르겠습니다.
4. 당신은 하나님의 자녀입니까?　　　　　예　아니요　모르겠습니다.
5. 당신은 영생을 얻었습니까?　　　　　　예　아니요　모르겠습니다.
6. 당신은 구원을 받았습니까?　　　　　　예　아니요　모르겠습니다.
7. 지금 죽더라도 천국에 가실 수 있습니까?　예　아니요　모르겠습니다.
8. 성령을 받으셨습니까?　　　　　　　　예　아니요　모르겠습니다.
9. 거듭났습니까?　　　　　　　　　　　예　아니요　모르겠습니다.
10. 부활을 믿습니까?　　　　　　　　　예　아니요　모르겠습니다.

위의 질문에서 모두 '예'라면 당신은 구원받고 확신이 분명한 사람입니다. 한 가지라도 미심쩍은 부분이 있다면 리더와 상의하셔서 구도자의 마음, 기도하는 심정으로 구원의 도리를 다시 공부해야 합니다. 일생에 가장 중요한 것은 우리 영혼이 구원받는 것이기 때문입니다.

여섯 번째 만남

두렵고 떨림으로 너희 구원을 이루라

두렵고 떨림으로 구원을 이루어 가야 합니다

우리는 지금까지 구원의 확신에 대해 배웠습니다. 성경에는 구원을 확신하며 살아야 할 것을 명확하게 말씀하고 계십니다. 성도는 구원의 확신을 가지고 신앙생활을 잘해서 천국에까지 이르러야 하기 때문입니다. 그래서 성경은 우리가 받은 구원을 두렵고 떨림으로 이루어가라고 합니다.

금주 암송요절 / 빌립보서 2장 12절
그러므로 나의 사랑하는 자들아 너희가 나 있을 때뿐 아니라 더욱 지금 나 없을 때에도 항상 복종하여 두렵고 떨림으로 너희 구원을 이루라

1 생명책이 있고 다른 책이 있다

모든 사람들은 국가에서 부여하는 호적, 주민등록 등의 탄생기록을 가지고 있습니다. 천국에도 구원받은 사람들의 명단을 관리하는 책이 있습니다. 이를 가리켜 생명책이라고 합니다.

1) 이 땅에서 신앙생활을 하면서 승리하는 자들이 있을 것입니다. 주님은 그들의 이름을   ① _____에서 지우지 아니하고 하나님과 천사들 앞에서 시인할 것입니다.

> 요한계시록 3장 5절
> 이기는 자는 이와 같이 흰 옷을 입을 것이요 내가 그 이름을 생명책에서 결코 지우지 아니하고 그 이름을 내 아버지 앞과 그의 천사들 앞에서 시인하리라

○ **Guide**

> 책에 이름이 기록되었다는 표현은 당시 문화를 반영한 표현이다. 오늘날의 표현으로는 책에 '기록되었다, 녹화되었다'라고 할 수도 있겠다. 우리 하나님께서는 믿는 자들에 관한 정보를 하나도 빠짐없이 관리하고 계신다.

2) 복음을 위해 멍에를 같이한 동역자들의 이름들이 ②_____에 있을 것입니다.

> 빌립보서 4장 3절
> 또 참으로 나와 멍에를 같이한 네게 구하노니 복음에 나와 함께 힘쓰던 저 여인들을 돕고 또한 글레멘드와 그 외에 나의 동역자들을 도우라 그 이름들이 생명책에 있느니라

3) 마지막 심판날 보좌 앞에 책들이 펴 있고 또 다른 책이 펴져 있는데, 책들은 죽은 자들의 행위를 기록한 책이고, 또 한권은 ③_____입니다.

요한계시록 20장 12-15절

또 내가 보니 죽은 자들이 큰 자나 작은 자나 그 보좌 앞에 서 있는데 책들이 펴 있고 또 다른 책이 펴졌으니 곧 생명책이라 죽은 자들이 자기 행위를 따라 책들에 기록된 대로 심판을 받으니 바다가 그 가운데에서 죽은 자들을 내주고 또 사망과 음부도 그 가운데에서 죽은 자들을 내주매 각 사람이 자기의 행위대로 심판을 받고 사망과 음부도 불못에 던져지니 이것은 둘째 사망 곧 불못이라 누구든지 생명책에 기록되지 못한 자는 불못에 던져지더라

○ Guide

> 하나님 앞에는 두 종류의 책이 있다. 하나는 불신자들이 이 땅에서 살아온 흔적을 빠짐없이 기록한 많은 분량의 책들이다. 불신자들은 이 책에 기록된 대로 심판을 받는다. 또 하나는 성도들의 이름과 선행이 기록된 한권의 책이다. 성도들은 이 책에 기록된 내용에 따라 상을 받는다.

2 구약의 교훈

　　하나님이 족장들에게 한 약속(시 105:11)에 따라 출애굽이 시작되었습니다. 그렇다면 이스라엘은 모두 젖과 꿀이 흐르는 약속의 땅 가나안으로 들어가야 했습니다. 그러나 이스라엘은 하나님이 약속한 안식에 이르는 데 실패했습니다. 출애굽 한 이스라엘은 장정만 60만이었습니다(출 12:37). 여자들, 아이들을 포함하면 줄잡아 300만 전후였을 것입니다.

　　그러나 여호수아와 갈렙 외에는 약속의 땅 가나안에 들어가지 못했습니다 (민 26:65). 그 원인은 이스라엘의 불순종에 있었습니다. 이 말씀은 신약 시대 성도들에게 중요한 교훈을 줍니다. 성도의 구원은 하나님 말씀에 대한 순종 여부에 달려 있습니다. 하나님 말씀에 끝내 불순종한다는 것은 구원받지 못했음을 증거하는 것입니다. 성도는 부단히 하나님 말씀에 순종함으로 자신의 구원을 확증하고, 만인에게 구원받은 하나님의 자녀임을 증거합니다.

　　1) 하나님은 죄지은 자의 이름을 하나님의　④_____에서 지워 버릴 것입니다.

> 출애굽기 32장 33절
> 여호와께서 모세에게 이르시되 누구든지 내게 범죄하면 내가 내 책에서 그를 지워 버리리라

　　2) 다윗은 하나님께 그의 원수들의 이름을　⑤_____에서 지워달라고 요청하고 있습니다.

> 시편 69편 27-28절
> 그들의 죄악에 죄악을 더하사 주의 공의에 들어오지 못하게 하소서 그들을 생명 책에서 지우사 의인들과 함께 기록되지 말게 하소서

3) 하나님은 모세에게 누구든지 하나님께 범죄하면, 범죄자의 이름을 하나님의 ⑥_____에서 지워버리겠다고 하셨습니다.

출애굽기 32장 33절
여호와께서 모세에게 이르시되 누구든지 내게 범죄하면 내가 내 책에서 그를 지워 버리리라

○ Guide

생명책에 이름이 기록되었더라도 범죄하게 될 때 생명책에서 이름이 지워지게 된다는 사실이다. 회개할 때 생명책에 이름이 기록되는 것이고 다시 범죄하면 생명책에서 이름이 지워진다.

3 예수님의 교훈

구원의 영원성과 상실에 대해 예수님은 무엇이라고 하셨을까요? 예수께서 지상에서 공생애를 사실 때에 제자들에게 한 번이 아니라 계속해서 믿고 있는 자가 구원을 받는다고 했습니다.

1) 예수님은 그를 계속 믿는 자가 ⑦_____을 받는다고 했습니다.

요한복음 3장 16절
하나님이 세상을 이처럼 사랑하사 독생자를 주셨으니 이는 그를 믿는 자마다 멸망하지 않고 영생을 얻게 하려 하심이라

○ **Guide**

성경에서 믿는다는 단어는 계속해서 평생 믿음을 유지한다는 뜻이다.

2) 예수님은 끝까지 견디는 자가 ⑧_____을 얻을 것이라고 하셨습니다.

마태복음 24장 13절
그러나 끝까지 견디는 자는 구원을 얻으리라

3) 예수님은 ⑨_____하지 아니하면 망하리라고 하셨습니다.

누가복음 13장 3절
너희에게 이르노니 아니라 너희도 만일 회개하지 아니하면 다 이와 같이 망하리라

○ **Guide**

믿는 순간 분명 구원을 받은 것이지만, 믿는 자는 자신의 믿음에 흔들리지 않아야 한다. 그리고 죄 된 본성과 사탄 마귀와 귀신들의 유혹을 물리쳐야 한다. 그렇지 아니하면 그는 계속해서 죄짓게 하여 넘어뜨리려 할 것이다. 그러면 구원을 받지 못할 수도 있다는 것이다.

4 서신서의 교훈

1) 성도는 믿음으로 살아야 합니다. 믿음에서 ⑩_____하지 말아야 합니다.

디모데전서 1장 19-20절

믿음과 착한 양심을 가지라 어떤 이들은 이 양심을 버렸고 그 믿음에 관하여는 파선하였느니라 그 가운데 후메내오와 알렉산더가 있으니 내가 사탄에게 내준 것은 그들로 훈계를 받아 신성을 모독하지 못하게 하려 함이라

○ Guide

믿음을 가진 자들 중에서도 믿음에 파선할 수 있는 자가 발생할 수 있으니, 믿음을 잘 지키라는 것이다.

2) 죄를 지으면 회개해야 합니다. 그러나 하나님의 선한 말씀과 내세의 능력을 맛보고도 타락한 자들은 다시 새롭게 하여 ⑪_____할 수 없으니, 경계하고, 조심해야 합니다.

히브리서 6장 4-6절

한 번 빛을 받고 하늘의 은사를 맛보고 성령에 참여한 바 되고 하나님의 선한 말씀과 내세의 능력을 맛보고도 타락한 자들은 다시 새롭게 하여 회개하게 할 수 없나니 이는 그들이 하나님의 아들을 다시 십자가에 못 박아 드러내 놓고 욕되게 함이라

○ Guide

성령을 받아 거듭난 체험을 한 사람들이 타락했을 경우에는 영영 회개하지 못해 지옥에 떨어질 가능성이 있다고 언급하고 있다.

3) 성도는 믿음으로 구원받습니다. 그리고 행함으로 믿음 있음을 증거합니다. 행함이 없는 믿음은 그 자체가 ⑫_____ 것입니다.

야고보서 2장 17절

행함이 없는 믿음은 그 자체가 죽은 것이라

5 부활하신 주님의 교훈

1) 부활하신 주님은 신앙생활을 잘해서 ⑬_____ 자가 낙원에 있는 생명나무의 과실을 먹을 수 있을 것이라고 하셨습니다.

요한계시록 2장 7절
귀 있는 자는 성령이 교회들에게 하시는 말씀을 들을지어다 이기는 그에게는 내가 하나님의 낙원에 있는 생명나무의 열매를 주어 먹게 하리라

2) 부활하신 주님은 신앙생활을 잘해서 ⑭_____ 자가 둘째 사망의 해를 받지 않을 것이라고 하셨습니다.

요한계시록 2장 11절
귀 있는 자는 성령이 교회들에게 하시는 말씀을 들을지어다 이기는 자는 둘째 사망의 해를 받지 아니하리라

3) 부활하신 주님은 신앙생활을 잘해서 ⑮_____ 자가 아버지 보좌에 함께 앉을 것이라고 하셨습니다.

요한계시록 3장 21절
이기는 그에게는 내가 내 보좌에 함께 앉게 하여 주기를 내가 이기고 아버지 보좌에 함께 앉은 것과 같이 하리라

○ Guide

요한계시록에서 일곱 교회들에게 보낸 서신들의 결론은 한결같다. 이기는 자에게 주님이 감추었던 만나를 주고 또 흰 돌을 줄 터인데 그 돌 위에 새 이름을 기록한 것이 있어 받는 자밖에는 그 이름을 알 사람이 없을 것이다(계 2:17). 이기는 자와 끝까지 내 일을 지키는 자에게 만국을 다스리는 권세가 주어질 것이다(계 2:26). 이기는 자는 흰옷을 입을 것이며 주님이 그 이름을 생명책에서 반드시 지우지 아니하고 그 이름을 내 아버지 앞과 그 천사들 앞에서 시인할 것이다(계 3:5). 이기는 자는 하나님 성전에 기둥이 되게 할 것이다(계 3:12). 이기는 자에게는 주님이 이기고 아버지 보좌에 함께 앉은 것과 같이 할 것이다(계 3:21). 여기 '이긴다'라는 단어는 생사(生死)가 걸린 치열한 싸움을 전제하고 아울러 구원받은 신자라도 질 수 있다는 것을 암시한다. 당연히 신자들은 이기기에 힘써야 할 것이다.

6 성령을 모독(훼방)하는 죄

1) 사람의 모든 죄와 모독(훼방)은 사하심을 얻을 수 있으나 ⑯_____을 모독(훼방)하는 것은 사하심을 얻지 못합니다.

> 마태복음 12장 31~32절(막 3:29, 눅 12:10)
> 사람에 대한 모든 죄와 모독은 사하심을 얻되 성령을 모독하는 것은 사하심을 얻지 못하겠고 또 누구든지 말로 인자를 거역하면 사하심을 얻되 누구든지 말로 성령을 거역하면 이 세상과 오는 세상에서도 사하심을 얻지 못하리라

○ Guide

예수님을 믿지 않는 것은 용서받을 수 없는 성령모독(훼방)죄이다. 우상숭배, 하나님의 능력을 비방하고(왕하 19:4), 하나님의 이름과 그의 말씀을 모독(롬 2:24)하는 것도 성령모독 죄이다.

2) 성령님을 ⑰ _____ 하는 자가 받을 형벌은 무겁습니다.

> 히브리서 10장 29절
> 하나님의 아들을 짓밟고 자기를 거룩하게 한 언약의 피를 부정한 것으로 여기고 은혜의 성령을 욕되게 하는 자가 당연히 받을 형벌은 얼마나 더 무겁겠느냐

3) 하나님의 선한 말씀과 내세의 능력을 맛보고 타락한 자들은 다시 새롭게 하여 ⑱_____ 할 수 없습니다.

> 히브리서 6장 4-6절
> 한 번 빛을 받고 하늘의 은사를 맛보고 성령에 참여한 바 되고 하나님의 선한 말씀과 내세의 능력을 맛보고도 타락한 자들은 다시 새롭게 하여 회개하게 할 수 없나니 이는 그들이 하나님의 아들을 다시 십자가에 못 박아 드러내 놓고 욕되게 함이라

○ Guide

가룟 유다와 같은 경우이다. 성령을 훼방하는 죄란 예수님과 십자가 사역을 거부하는 것이다.

7 회개하라! 지은 죄를 사함받으리라

1) 예수께서 전파하시기를 ⑲_____ 천국이 가까웠느니라고 했습니다.

> **마태복음 4장 17절**
> 이 때부터 예수께서 비로소 전파하여 이르시되 회개하라 천국이 가까이 왔느니라
> 하시더라

2) 악인이 만일 그가 행한 모든 ⑳_____ 모든 율례를 지키고 정의와 공의를 행하면 반드시 살고 죽지 아니할 것이라고 합니다.

> **에스겔 18장 21~23절**
> 그러나 악인이 만일 그가 행한 모든 죄에서 돌이켜 떠나 내 모든 율례를 지키고
> 정의와 공의를 행하면 반드시 살고 죽지 아니할 것이라 그 범죄한 것이 하나도 기
> 억함이 되지 아니하리니 그가 행한 공의로 살리라 주 여호와의 말씀이니라 내가
> 어찌 악인이 죽는 것을 조금인들 기뻐하랴 그가 돌이켜 그 길에서 떠나 사는 것을
> 어찌 기뻐하지 아니하겠느냐

3) 하나님께서는 우리가 회개하면 우리의 죄가 ㉑_____ 눈과 같
이 희어질 것이며, 진홍같이 붉을지라도 양털같이 용서받을 것이라고 했습니다.

> **이사야 1장 18절, 마태복음 3장 2절, 4장 17절**
> 여호와께서 말씀하시되 오라 우리가 서로 변론하자 너희의 죄가 주홍 같을지라도
> 눈과 같이 희어질 것이요 진홍 같이 붉을지라도 양털 같이 희게 되리라(사 1:18),
> 회개하라 천국이 가까이 왔느니라(마 3:2; 4:17).

○ Guide

> 유다도, 베드로도 성령을 훼방하는 죄를 지었으나, 유다는 회개하지 않아서 멸
> 망했고, 베드로는 회개함으로 예수님의 수제자가 되었다. 주님은 우리 죄가 아
> 무리 클지라도 회개하면 용서하신다.

(해답)
　① 생명책 ② 생명책 ③ 생명책 ④ 생명책 ⑤ 생명책 ⑥ 생명책
　⑦ 구원 ⑧ 구원 ⑨ 회개 ⑩ 파선 ⑪ 회개 ⑫ 죽은 ⑬ 이기는
　⑭ 이기는 ⑮ 이기는 ⑯ 성령 ⑰ 욕되게 ⑱ 회개하게 ⑲ 회개하라
　⑳ 죄에서 돌이켜 떠나 ㉑ 주홍 같을지라도

여섯 번째 만남을 마치면서

　사도 바울은 "두렵고 떨림으로 너희 구원을 이루라"(빌 2:12)라고 했습니다. 믿음으로 받은 구원을 잘 간직하고, 끝까지 인내하여 영원한 구원에 이르라는 말입니다. 그래서 사도 바울은 "너희는 믿음 안에 있는가 너희 자신을 시험하고 너희 자신을 확증하라 예수 그리스도께서 너희 안에 계신 줄을 너희가 스스로 알지 못하느냐 그렇지 않으면 너희는 버림받은 자니라"(고후 13:5)라고 했습니다.

　믿는 성도라고 할지라도, 환경에 따라, 죄된 본성의 유혹이나 귀신이나 사탄 마귀의 시험에 따라 사람은 얼마든지 자신의 믿음에서 넘어질 수 있습니다. 그런데도 회개하지 않고 죄를 계속해서 짓거나, 주님을 버리고 떠나버리게 되면 그 사람은 얼마든지 믿음에서 파선하여 구원이 철회될 수 있습니다. 우리 주변에서도 그런 사람들이 많습니다. 예수님을 믿었으나 하나님의 성령의 음성을 따르지 않는 자는 결국 그의 이름이 생명책에서 지워질 수가 있다는 것입니다.

　믿는 이들은 소망으로 구원을 받습니다(롬 8:24). 그러므로 끝까지 믿음을 지키기 위해 참고 견뎌내야 합니다. 주님을 부인하지 말아야 합니다. 그리고 회개해야 합니다. 두렵고 떨림으로 구원을 이뤄가야 합니다. 그런 자들에게 구원의 은총이 주어지는 것입니다. 그러면 어느 순간에 나도 천국에 들어가고 있는 장면을 보게 될 것입니다.

일곱 번째 만남
주님 다시 오실 때까지

주님 다시 오신다

우리가 사는 세상의 불의, 고난, 질병, 사망이 사라지고 정의가 강같이 흐르고 평화가 충만하며 순전한 즐거움이 영원히 지속되는 하나님 나라가 올 것입니다. 이 나라는 예수 그리스도의 십자가 구원으로 시작되었습니다. 지금 우리가 사는 세상은 하나님 나라와 세상 나라가 동시에 존재하며 서로 대적하고 있습니다. 이제 예수 그리스도의 다시 오심으로 세상 나라는 멸망하고 하나님 나라는 완성될 것입니다.

> 금주 암송요절 / 에베소서 1장 10절
> 하늘에 있는 것이나 땅에 있는 것이 다 그리스도 안에서 통일되게 하려 하심이라

1 주님 다시 오신다

그리스도인의 소망은 예수 그리스도의 재림입니다. 주후 33년 승천하신 주님께서는 다시 오시겠다고 수없이 많은 약속을 하셨습니다. 주님께서는 다시 오십니다. 믿음으로 산 선진들이 주님 다시 오신다는 약속을 붙들고 평생을 하루같이 믿음으로 살았습니다.

1) 주님께서는 승천하셨던 모습 그대로 ①_____ 세상을 구원할 것입니다.

사도행전 1장 11절
이르되 갈릴리 사람들아 어찌하여 서서 하늘을 쳐다보느냐 너희 가운데서 하늘로 올려지신 이 예수는 하늘로 가심을 본 그대로 오시리라 하였느니라

○ **Guide**

> 부활하신 주님께서는 제자들과 40일 동안을 함께 계시다가 수많은 제자들이 보는 앞에서 구름을 타고(구름은 하나님의 자가용) 하늘로 올라가셨다. 주님께서는 다시 오실 때도 천군 천사들과 함께 구름을 타고 오실 것이다.

2) 주님 다시 오실 때 온 세상 모든 사람이 주님을 ②_____ 것입니다.

요한계시록 1장 7절
볼지어다 그가 구름을 타고 오시리라 각 사람의 눈이 그를 보겠고 그를 찌른 자들도 볼 것이요 땅에 있는 모든 족속이 그로 말미암아 애곡하리니 그러하리라 아멘

○ **Guide**

> 주후 1-33년 동안, 예수께서 사람의 몸을 입고 유대 땅에 오셨을 때는 소수의 사람들만 예수님을 하나님의 아들이요, 세상을 구원하는 주로 알아보았으나 다시 오실 때는 온 세상 모든 사람이 예수님을 세상의 구주요, 심판주로 알아볼 것이다.

2 주님 다시 오심으로 마귀는 완전히 패배한다

육신의 몸을 입고 오신 주님께서는 이미 사탄을 이기셨습니다. 주님 다시 오시면 사탄은 더이상 활동할 수 없도록 지옥에 던져집니다.

1) 주님께서 오신 것은(초림) ③_____의 일을 멸하시고 세상을 구원하려 하심입니다.

요한일서 3장 8절
죄를 짓는 자는 마귀에게 속하나니 마귀는 처음부터 범죄함이라 하나님의 아들이 나타나신 것은 마귀의 일을 멸하려 하심이라

○ Guide

죄는 사탄, 곧 마귀로 말미암았고, 죄를 짓는 자마다 마귀에게 속하며, 죄를 짓는 자마다 마귀를 위해 예비된 지옥으로 가게 된다. 주님께서는 마귀의 일을 멸하고 마귀에게 속한 세상을 구원하시기 위해 오셨던 것이다.

2) 주님께서는 이미 ④_____을 이기셨고 제자들도 사탄의 졸개들인 귀신을 제어하고 세상을 구원할 능력을 받았습니다.

누가복음 10장 17-20절
칠십 인이 기뻐하며 돌아와 이르되 주여 주의 이름이면 귀신들도 우리에게 항복하더이다 예수께서 이르시되 사탄이 하늘로부터 번개 같이 떨어지는 것을 내가 보았노라 내가 너희에게 뱀과 전갈을 밟으며 원수의 모든 능력을 제어할 권능을 주었으니 너희를 해칠 자가 결코 없으리라 그러나 귀신들이 너희에게 항복하는 것으로 기뻐하지 말고 너희 이름이 하늘에 기록된 것으로 기뻐하라 하시니라

○ Guide

주님께서는 십자가에서 죽으시고 부활하심으로 마귀를 완전히 이기셨다. 마귀가 가져온 사망 권세도 당연히 이기셨다. 따라서 주님께 속한 자들은 주님처럼 마귀의 지배, 사망 권세를 이기는 능력을 받았다.

3) 주님께서 다시 오심으로 아담과 하와를 유혹했던 옛 뱀인 마귀(사탄)를 잡아 ⑤_____에 던져 완전히 멸망시키고 세상을 구원할 것입니다.

> 요한계시록 20장 1-2, 10절
> 또 내가 보매 천사가 무저갱의 열쇠와 큰 쇠사슬을 그의 손에 가지고 하늘로부터 내려와서 용을 잡으니 곧 옛 뱀이요 마귀요 사탄이라 잡아서 천 년 동안 결박하여, 또 그들을 미혹하는 마귀가 불과 유황 못에 던져지니 거기는 그 짐승과 거짓 선지자도 있어 세세토록 밤낮 괴로움을 받으리라

○ Guide

마귀는 주님과의 영적 전투에서 완전히 패배했음에도 불구하고 아직 세상에서는 악한 영향력을 행사하면서 최후의 발악을 하고 있다. 그러나 그것도 잠시뿐, 주님 다시 오시면 영원한 무저갱(지옥)에 던져질 것이며, 영원히 꺼지지 않는 불구덩이에서 영원한 형벌을 받을 것이다.

3 이 세상의 모든 피조물도 주님의 재림을 기다리고 있다

주님의 재림을 기다리는 존재들은 경건한 그리스도인들뿐만이 아닙니다. 온 세상 모든 하나님의 피조물들이 간절하게 주님께서 다시 오실 날을 기다리고 있습니다.

1) 아담 이후 이 땅의 모든 피조물은 하나님의 아들께서 다시 오심으로 ⑥ _____의 자유에 이르러 구원받기를 고대하고 있습니다.

> 로마서 8장 19-22절
> 피조물이 고대하는 바는 하나님의 아들들이 나타나는 것이니 피조물이 허무한 데 굴복하는 것은 자기 뜻이 아니요 오직 굴복하게 하시는 이로 말미암음이라 그 바라는 것은 피조물도 썩어짐의 종 노릇 한 데서 해방되어 하나님의 자녀들의 영광의 자유에 이르는 것이니라 피조물이 다 이제까지 함께 탄식하며 함께 고통을 겪고 있는 것을 우리가 아느니라

○ Guide

> 아담과 하와의 범죄로 인간에게뿐 아니라, 온 세상 모든 피조물에도 저주가 임했다. 하나님께서 처음 창조하신 창조계의 질서, 조화 등이 엉망으로 파괴된 것이다. 주님 다시 오심으로 첫 창조는 완전하게 회복되어질 것인데, 구원받은 인간뿐만 아니라, 온 세상 만물도 만물이 완전히 구속받을 그 날을 기다리면서 주님 오시기를 고대하고 있다.

2) 지금은 하늘의 천사들이나 땅의 모든 나라들이 분리되어 있지만, 주님께서 재림하시는 하나님의 나라가 이 땅에 임하게 되면 모든 것이 그리스도 안에서 ⑦ _____되고 구원받을 것입니다.

에베소서 1장 10절
하늘에 있는 것이나 땅에 있는 것이 다 그리스도 안에서 통일되게 하려 하심이라

○ Guide

> 하늘과 땅, 영적인 것들과 물질적인 것들로 분리되어 조화롭지 못한 세상이 주
> 님 다시 오심으로 조화로운 하나님 나라로 통일될 것이다.

3) 세상 만물은 결국 다시 오실 그리스도께 완전히 ⑧_____함으로 구
원을 얻을 것입니다.

에베소서 1장 21-23절
모든 통치와 권세와 능력과 주권과 이 세상뿐 아니라 오는 세상에 일컫는 모든 이
름 위에 뛰어나게 하시고 또 만물을 그의 발 아래에 복종하게 하시고 그를 만물
위에 교회의 머리로 삼으셨느니라 교회는 그의 몸이니 만물 안에서 만물을 충만
하게 하시는 이의 충만함이니라

○ Guide

> 지금은 하늘에 속한 것과 땅에 속한 것이 조화를 이루지 못하고, 영적인 것들
> 과 물질적인 것들로 분리되어 있다. 주님께서 다시 오심으로 만물이 조화를 이
> 루고 통일된 하나님 나라로 완성될 것이다.

4 주님 다시 오심으로 세상은 완전히 구원받는다

　죄로부터의 구원은 인간에게만 한정된 것이 아닙니다. 주님 재림하심으로 우주적 구원이 이루어질 것입니다. 우주적 구원이란 하나님의 모든 피조물이 완전한 상태로 회복되는 것을 말합니다.

　1) 새 하늘과 새 땅에서는 지금 세상이 완전히 구원을 받아 ⑨_____이 없고 애통하는 것이나 곡하는 것이나 아픈 것이 다시는 없을 것입니다.

> 요한계시록 21장 1-4절
> 또 내가 새 하늘과 새 땅을 보니 처음 하늘과 처음 땅이 없어졌고 바다도 다시 있지 않더라 또 내가 보매 거룩한 성 새 예루살렘이 하나님께로부터 하늘에서 내려오니 그 준비한 것이 신부가 남편을 위하여 단장한 것 같더라 내가 들으니 보좌에서 큰 음성이 나서 이르되 보라 하나님의 장막이 사람들과 함께 있으매 하나님이 그들과 함께 계시리니 그들은 하나님의 백성이 되고 하나님은 친히 그들과 함께 계셔서 모든 눈물을 그 눈에서 닦아 주시니 다시는 사망이 없고 애통하는 것이나 곡하는 것이나 아픈 것이 다시 있지 아니하리니 처음 것들이 다 지나갔음이러라

○ **Guide**

> 아담 이후 타락한 세상의 모든 피조물들은 고의로 혹은 부지불식간에 하나님께 반역하고 있다. 주님께서 다시 오심으로 인간뿐만 아니라 하나님의 모든 피조물들은 하나님께 영광을 돌리며 온전히 복종할 것이다. 그 때 주님은 만왕의 왕으로 영원히 만물을 통치할 것이다.

　2) 주님의 구원이 완전하게 이루어진 새 하늘과 새 땅에서는 다시는 ⑩_____이 없을 것이며 영원한 안식과 평화가 있을 것입니다.

> 이사야 2장 4절
> 그가 열방 사이에 판단하시며 많은 백성을 판결하시리니 무리가 그들의 칼을 쳐

서 보습을 만들고 그들의 창을 쳐서 낫을 만들 것이며 이 나라와 저 나라가 다시는 칼을 들고 서로 치지 아니하며 다시는 전쟁을 연습하지 아니하리라

○ Guide

> 새 하늘과 새 땅의 큰 특징은 다시는 전쟁이 없을 것이라는 사실이다. 개인 간의 갈등, 싸움이나 국가, 부족 간의 전쟁도 더이상 없을 것이며, 영원히 서로 사랑하면서 살아갈 것이다.

3) 새 하늘과 새 땅에서는 사람과 사람, 사람과 동물, 동물과 동물 등, 이 땅의 모든 피조물이 ⑪_____를 아는 지식이 충만함으로 구원을 누릴 것입니다.

이사야 11장 6-9절

그 때에 이리가 어린 양과 함께 살며 표범이 어린 염소와 함께 누우며 송아지와 어린 사자와 살진 짐승이 함께 있어 어린 아이에게 끌리며 암소와 곰이 함께 먹으며 그것들의 새끼가 함께 엎드리며 사자가 소처럼 풀을 먹을 것이며 젖 먹는 아이가 독사의 구멍에서 장난하며 젖 뗀 어린 아이가 독사의 굴에 손을 넣을 것이라 내 거룩한 산 모든 곳에서 해 됨도 없고 상함도 없을 것이니 이는 물이 바다를 덮음 같이 여호와를 아는 지식이 세상에 충만할 것임이니라

○ Guide

> 지금 우리가 하나님을 아는 지식은 매우 희미하다. 어쩌면 겨우 구원에 이를 정도의 지식만을 가지고 있을 것이다. 그러나 하나님 나라에 가면 하나님에 대한 지식, 하나님의 피조 세계에 대한 지식이 풍요로워질 것이고 그에 비례해서 하나님을 섬기는 기쁨과 함께 사랑하면서 살아가는 기쁨도 충만해질 것이다.

5 주님 다실 오실 동안 구원받은 자들이 해야 할 일

　영혼 구원을 받은 우리들은 온 세상이 구원을 받을 때까지 해야 할 일이 있습니다. 두렵고 떨림으로 우리에게 베푸신 구원을 이루어가야 합니다(빌 2:12).

　1) 온 세상의 모든 것들이 ⑫_____의 것이니, 그것들이 우리처럼 구원받고 하나님께 돌아오도록 힘써야 합니다.

> 시편 24편 1절
> 땅과 거기에 충만한 것과 세계와 그 가운데에 사는 자들은 다 여호와의 것이로다

○ Guide

온 세상 모든 것들, 특히 인간은 하나님의 형상으로 창조된 대표적인 하나님의 소유물이다. 구원받은 우리는 이 땅에 사는 동안 하나님을 모르는 만민에게 만민과 만물의 주인이 하나님이심을 힘써 전해야 하는 사명이 있다.

　2) 하나님의 나라가 하늘에서 이룬 것같이 ⑬_____에서도 이루어지기를 위해 기도해야 합니다.

> 마태복음 6장 9-10절
> 그러므로 너희는 이렇게 기도하라 하늘에 계신 우리 아버지여 이름이 거룩히 여김을 받으시오며 나라가 임하시오며 뜻이 하늘에서 이루어진 것 같이 땅에서도 이루어지이다

○ Guide

하나님께서 친히 하나님의 나라를 이 땅의 교회를 통해서 이루어가시는 중이다. 성도들은 하나님의 영광과 하나님의 이름이 이 땅 위의 교회 안에 찬란하게 나타나도록 기도해야 한다. 하나님은 성도들의 기도를 통해 하나님 나라를 세워 가신다.

3) 세상의 완전한 구원은 복음전도를 통해 이루어집니다. 이 땅 모든 족속에게 천국 ⑭_____이 완전히 전해지면 주님께서 다시 오실 것입니다.

마태복음 24장 14절
이 천국 복음이 모든 민족에게 증언되기 위하여 온 세상에 전파되리니 그제야 끝이 오리라

○ Guide

> 구원받은 확신을 가지고 사는 성도에게 가장 중요한 사명은 세상을 구원하고 영혼을 구원하는 일이다. 세상을 구원하고 영혼을 구원하는 일은 복음을 전하는 일이다. 성도에게 있어서 전도하는 일보다 중요한 일은 없다.

4) 주님 다시 오실 때까지 인권 보호와 향상에 힘써야 합니다. 모든 인간은 하나님의 ⑮_____으로 창조되었고, 성경의 구원은 영혼 구원과 함께 전인적인 구원이기 때문입니다.

창세기 1장 26-27절
하나님이 이르시되 우리의 형상을 따라 우리의 모양대로 우리가 사람을 만들고 그들로 바다의 물고기와 하늘의 새와 가축과 온 땅과 땅에 기는 모든 것을 다스리게 하자 하시고 하나님이 자기 형상 곧 하나님의 형상대로 사람을 창조하시되 남자와 여자를 창조하시고

○ Guide

> 인권을 위해 생명권(전쟁, 집단학살, 낙태, 사형제도 등) 인간의 존엄과 가치, 행복 추구권, 평등권, 신체의 자유, 젠더, 양심과 종교의 자유, 학문과 예술의 자유, 사생활의 비밀과 자유, 주거 이전의 자유, 표현의 자유, 재산권, 생존권 등이 보호되어야 한다.

5) 주님 다시 오실 때까지 환경보호에 힘써야 합니다. 하나님께서는 우리에게 창조세계를 정복하고 ⑯_____고 명하셨습니다. 하나님의 구원은 인간과 더불어 창조세계의 완전한 회복이기 때문입니다.

창세기 1장 28절

하나님이 그들에게 복을 주시며 하나님이 그들에게 이르시되 생육하고 번성하여 땅에 충만하라, 땅을 정복하라, 바다의 물고기와 하늘의 새와 땅에 움직이는 모든 생물을 다스리라 하시니라

○ Guide

오늘날 환경문제는 수질오염, 대기오염, 토양오염, 해양오염, 원전문제, 쓰레기 처리문제와 여러 가지 산업공해, 생태계 변질 등이 있다. 환경문제 해결을 위해 우리가 일상에서 할 수 있는 일들로 일회용품 쓰지 말기, 대중교통 이용하기, 합성세제 삼가기, 재활용품 사용하기, 물·전기 아껴 쓰기, 음식물을 절제하여 버리지 않기 등이 있다.

6) 주님 다시 오실 때까지 개인구원뿐만 아니라 사회구원에도 힘써야 합니다. 예수 그리스도의 구원은 총체적입니다. 모든 ⑰_____이 고대하는 바는 하나님의 아들 예수 그리스도의 재림입니다.

로마서 8장 19-21절

피조물이 고대하는 바는 하나님의 아들들이 나타나는 것이니 피조물이 허무한 데 굴복하는 것은 자기 뜻이 아니요 오직 굴복하게 하시는 이로 말미암음이라 그 바라는 것은 피조물도 썩어짐의 종 노릇 한 데서 해방되어 하나님의 자녀들의 영광의 자유에 이르는 것이니라

○ Guide

인간이 사는 이 땅을 행복한, 좋은, 자유와 평화를 누리지 못하는 억압에서 구원, 이데올로기로부터 구원, 가난으로부터 구원, 테러로부터 구원, 기본적 생활, 폐기물, 종교적인 분쟁에서 구원, 인구, 출산, 낙태, 젠더, 자살, 분리의 영(남북, 부자, 남녀, 동서, 빈부)으로부터의 구원을 위해 힘써야 하겠다.

(해답)

① 오셔서 ② 볼 ③ 마귀 ④ 사탄 ⑤ 불과 유황 못 또는 지옥

⑥ 영광 ⑦ 통일 ⑧ 복종 ⑨ 사망 ⑩ 전쟁 ⑪ 여호와 ⑫ 여호와

⑬ 땅 ⑭ 복음 ⑮ 형상 ⑯ 다스리라 ⑰ 피조물

일곱 번째 만남을 마치면서

　구원을 개인 구원으로만 여기면 안 됩니다. 참 구원은 하나님께서 창조하신 온 세상 모든 피조물의 구원입니다. 인간의 영혼 구원은 온 세상 구원의 시작입니다. 이 시간에는 그동안 공부하면서 달라진 자신의 모습을 함께 나누고, 이제 세상의 구원을 위해 내가 해야 할 일이 무엇인지를 토론해 봅시다.

부록1
구원의 확신에 관한 질문들

구원받은 날짜를 알 수 있습니까?

구원받은 날짜를 모르면 구원받지 못한 것이라고 협박(?)하는 사람들이 있습니다. 주로 구원파와 그 계열에 속한 사람들입니다. 이들은 이단입니다. 성도는 구원받은 날을 알 수도 있고 모를 수도 있습니다. 구원받은 날을 알 수도 있다는 것은 갑작스러운 회심의 경우가 많습니다. 불신자로 살다가 결단하고 교회에 나와 복음을 듣고 성령이 임한 경우와 교회 오래 다녔더라도 아주 형식적으로 다니다가 어느 날 갑자기 성령이 임함으로 구원받은 경우가 여기에 해당됩니다. 이런 사람들은 구원받은 날을 기억할 수 있습니다. 사도 바울, 종교 개혁자 마르틴 루터와 요한 웨슬리가 그런 사람들입니다.

교회에 다니다가 어느 날인지는 모르지만 성령의 역사가 점진적으로 임하여 구원받은 경우가 있습니다. 주로 어려서부터 교회에 다니던 사람들에게 많이 나타납니다. 이런 사람들은 위에 언급한 증거들이 대부분 나타나지만 갑작스러운 체험을 한 것은 아니기 때문에 구원받은 날을 알 수 없습니다. 디모데의 경우와, 종교 개혁자 중의 한 사람인 칼빈은 자신을 그런 사람이라고 표현합니다. 구원받은 사실과 날짜와는 별 관련이 없습니다.

방언을 해야 구원받습니까?

방언을 받아야 구원받은 것으로 생각하는 사람들도 있습니다. 방언이 성령께서 구원받은 성도에게 주시는 은사인 것은 사실입니다. 그런데 성령의 은사는 방언만이 아니라 아주 다양하게 많습니다. 어떤 사람은 방언을 은사로 받고, 어떤 이는 예언을, 어떤 사람은 병 고치는 은사를 받고, 어떤 이는 목사나 교사의 은사를 받는 등 은사는 다양합니다. 따라서 방언을 받아야만 구원을 받는 것이라는 주장은 잘못된 것입니다.

말씀을 받아야 구원받습니까?

하나님의 말씀을 받은 분명한 증거가 있어야 구원을 받은 것이라는 주장을 하기도 합니다. 말씀을 받은 증거가 뭐냐고 하면 하나님께서 성경말씀을 환상 중에 보여주셨다든지, 음성으로 들려주셨다든지, 어느 성경 구절이 가슴에 와서 박혔다든지 여러 가지 주장을 합니다.

물론 틀린 말은 아닙니다만 하나님의 말씀이 모두 나에게 하는 말씀으로 믿어지면 그것은 곧 구원받은 증거입니다. 말씀을 받은 특별한 경험이 있을 수는 있지만 모든 사람에게 나타나는 현상은 아닙니다. 말씀 받은 경험을 해야만 구원받은 것은 아닙니다.

지은 죄를 모두 회개해야 구원받습니까?

"회개하는 데 평생 지은 죄가 영화필름처럼 좍 지나가면서 모든 죄에 대해 하나도 빼놓지 않고 회개했다. 이렇게 철저히 회개해야 구원받는다."라고 말하는 사람이 있습니다.

예수님 믿을 때 그런 경험을 한 사람들도 있습니다. 그런데 경험은 사람마다 다르므로 경험을 가지고 구원받은 표준을 삼을 수는 없습니다.

성경이 가르치는 회개는 내가 주인으로 살던 인생을 청산하고 하나님을 주인으로 모시고 사는 것입니다. 아담과 하와가 하나님을 떠나 하나님께 불순종하며 자기주장대로 산 것이 죄라면, 다시 하나님께로 돌아가 하나님을 주인으로 모시고 하나님께 순종하며 사는 것이 구원이며 진정한 회개입니다.

교회 다녀야만 구원받습니까?

교회 다니지 않고도 구원받을 수 있고, 예수님 믿을 수도 있다고 주장하는 사람들이 있습니다. 일본의 내촌감삼, 우리나라의 경우 김교신 씨와 그 후예들, 풀무원을 하고 있는 원경선 씨의 경우 등입니다. 교회 다니지 않아도 성경 보면서 말씀대로 살면 된다는 것입니다. 그들의 주장은 아주 잘못되었습니다.

예수님께서 이 땅에 세우신 유일한 구원의 기관은 교회입니다. 예수님은 교회를 자신의 몸이라고 하셨습니다. 하나님이 아버지라면 교회는 어머니라고 할 수 있습니다. 성도의 신앙은 교회를 통해서 자라납니다. 예수님께서는 '교회'라는 '한 새 사람'을 지으셨습니다. 교회 다니지 않으면 아무리 인격이 고상하고 선행을 행한다 할지라도 구원받은 사람은 아닙니다. 교회에만 구원이 있습니다.

> 골로새서 1장 18절
> 그는 몸인 교회의 머리시라 그가 근본이시요 죽은 자들 가운데서 먼저 나신 이시니 이는 친히 만물의 으뜸이 되려 하심이요
>
> 골로새서 1장 24절
> 나는 이제 너희를 위하여 받는 괴로움을 기뻐하고 그리스도의 남은 고난을 그의 몸된 교회를 위하여 내 육체에 채우노라
>
> 에베소서 2장 15절
> 법조문으로 된 계명의 율법을 폐하셨으니 이는 이 둘로 자기 안에서 한 새 사람을 지어 화평하게 하시고

침례받아야 구원받습니까?

침례를 받아야 구원에 이른다는 주장들이 간혹 있습니다(이 견해는 침례교와는 전혀 상관이 없습니다). 이에 대해서는 주후 120년 경에 기록된 '디다케'를 인용하는 것이 좋을 것 같습니다. '디다케'는 초대교회에서 교회에 들어온 새신자들을 교육하기 위해 만들어진 것으로 대부분의 지역 교회들이 이 문서를

새신자 교육용으로 사용했습니다.

디다케 7

세례를 베푸는 데는 이렇게 하라. 먼저 이에 관한 모든 것을 예습한 후, 흐르는 물 가운데서 아버지와 아들과 성령의 이름으로 세례를 베풀라 그러나 만일 흐르는 물이 없을 때는 다른 물로 하고, 또 냉수로 할 수 없을 때는 더운물로 해도 무방하다. 또 그 어느 것도 없을 때는 아버지와 아들과 성령의 이름으로 세 번 이마에 물을 부어도 가하다.

○○교회에 다녀야만 구원받습니까?

"우리 교회에 와야 구원을 받을 수 있어요."라고 하면서 특정 교회나 선교회에만 구원이 있는 것처럼 선전하는 사람들도 있습니다. 이런 교회는 거의 대부분 이단 집단들입니다.

율법대로 살아야 구원받습니까?

율법을 행함으로 구원에 이른다는 율법주의자들이 있습니다. 복음보다 율법을 앞세웁니다. 복음보다 전통을 강조합니다. 복음보다 특정인의 가르침을 더 강조합니다. 그러나 인간은 율법을 완전하게 지킬 수 없고, 그렇게 살기 위해 노력할 뿐입니다. 성경은 율법을 행함으로 구원받는 것이 아니라 예수 믿음으로 구원받는다고 분명하게 가르치고 있습니다.

갈라디아서 2장 16절
사람이 의롭게 되는 것은 율법의 행위로 말미암음이 아니요 오직 예수 그리스도를 믿음으로 말미암는 줄 알므로 우리도 그리스도 예수를 믿나니 이는 우리가 율법의 행위로써가 아니고 그리스도를 믿음으로써 의롭다 함을 얻으려 함이라 율법의 행위로써는 의롭다 함을 얻을 육체가 없느니라

부록2
이단 사이비 종교를 어떻게 대처할까?

1. 이단 사이비 종교로 고통받는 가정들

사례1

"따르릉……."

"여보세요?"

"목사님!"

"박 집사님이세요?"

"목사님! 우리 아내와 아이들 좀 찾아주세요. 제발 부탁합니다."

"집사님, 차분하게 말씀해 보세요."

"출장 다녀와 집에 가보니 집은 나도 모르는 사이 팔렸고, 아내는 애들을 데리고 'OOOOO'이라는 데로 가버렸다는 겁니다."[1]

사례2

집사님 부부가 찾아왔다.[2]

남편이,

"목사님, 아내가 이혼하자고 합니다."

---

1) 이규학, 『그들은 이래서 이단이다』, 예영, 2010.
2) 신천지는 주로 성경공부를 통해 교인들을 유혹한다. 그들은 성경공부를 하기 위해 다양한 접근 방법을 사용한다.

"이혼을 하자고 해요?"

"내가 신천지에서 하는 성경 공부를 못하게 했거든요."

"집사님, 신천지 성경 공부 계속하셔야 합니까?"

"예, 그만둘 수 없습니다."

"이혼을 하더라도요?"

"예."

사례3

성경 공부 시간에 한 여 집사님이,

"목사님, 하나님을 아버지라고만 해야 하나요?"

"예?"

"하나님 어머니라고 하면 안 되나요?"

후에 알고 보니 교회에서 성경 공부를 하는 도중에 '하나님의 교회' 사람들과 교제가 있었던 터였다.

사례4

서울 월곡동에 사는 K 씨는 남동생 Y 씨 때문에 약 10년간이나 골치를 썩고 있다고 호소해 왔다. Y 씨는 약 10년 전 대학에 다니면서 우연히 S 회에 발을 들여놓게 되었는데 조금씩 학업보다는 S 회에 몰두하기 시작했다는 것이다. 결국 K 씨는 학교도 그만두고 S 회에 깊이 빠진 것은 물론 부모 형제의 고생과 은혜도 외면한 채 가출 등 문제를 일으키고 심지어는 만류하는 부모와 형제들에게 난폭한 행동까지 일삼아 정신병원에 가두어 두기까지 했었다고 한다. 그러나 그 후에도 K 씨는 S 회에서 나오지 못하고 더욱 가족들을 불행에 빠뜨렸다.

"하는 일도 없이 빈둥빈둥 그 S 회인가 뭔가 하는 곳만 쫓아다니면서 노인 네가 취로 사업장에 가서 근근이 몇 푼 벌어오면 그걸 빼앗아 갑니다. 이런 일을 당하는 사람이 한둘이 아니라는데 도대체 나라에서는 뭐 하는 거지요?"3)

2. 이단, 사이비 종교의 폐해

이단, 사이비 문제를 접하면서 주지해야 할 것은 겉으로 드러난 문제들보다는 그로 인한 가족들이나 주변의 피해가 어떤 면에서는 더 심각하다. 매스컴을 통해 전해지는 사건 내용은 현상적으로 나타나는 문제들이 전부지만 그들 각자의 가족들이 겪는 고통은 사실 그보다 매우 크다. 종교는 그 사람의 인격과 가치관에 절대적인 변화를 일으키기 때문이다. 건전하지 못한 종교에 빠지게 되면 보편적인 윤리관이나 가치관이 아닌 종교적인 목적만을 최우선으로 생각하게 되어 사실 껍데기만 내 가족이지 알맹이는 딴사람이 되어 버리는 예가 많다.

피해자 가족들은 흔히들 "전에는 안 그랬는데 이상해졌어요. 완전히 딴사람 같아요."라는 호소를 한다. 부부간에는 그 고통이 더욱더 심하다. 결혼 전의 '내가 사랑했던 바로 그 사람' 혹은 '살면서 정든 바로 그 사람'이 아닌 '다른 인격체'와 살아야 하기 때문이다. 이럴 경우 흔히 부부간의 갈등으로 비화하고 행복했던 가정은 물거품처럼 사라져 버리게 되는 것이다. 이는 가족 구성원의 일반적인 일탈 행위 즉 남편의 외도나 부녀자들의 치맛바람, 도박, 마약, 음주, 사고 등의 외적인 문제로 인한 갈등보다 더욱 고통스러운 것이다.

다른 문제들은 뚜렷한 원인이라도 있어서 해결책이 무엇인지 보이기라도 한다지만 이단, 사이비 문제는 외형적으로 아무런 문제가 없는 것처럼 보이고, 겉으로는 그의 행동이 매우 정당한 '종교활동'이라는 이름으로 포장되어 있기 때

---

3) 월간 「현대종교」 97. 5월호

문에 무엇을 어떻게 제재해야 하고 해결해야 할지 가족들은 막막하게 되기 때문이다. 이런 문제 외에도 가출이나 재산탕진, 가정생활 소홀, 폭력행사 등 극단적인 형태로 가족들의 삶에 개입해 고통을 주는 예도 있다. 문제는 속 시원한 해결방법도 없고 당사자가 아니면 그 고통을 아무도 몰라준다는 점이다.

종교 문제로 인한 이혼사례, 부인의 무리한 종교 활동으로 인한 남편의 방화, 폭력 사건 등 가정이 파괴된 사례는 얼마든지 있다. 소위 문제성 종교 인구는 약 200만 명 이상으로 추산되고 있고, 그중에서 매우 심각한 사이비종교 인구는 약 40만 명 이상으로 추산되고 있다. 이들 각자의 가족들까지를 고려한다면 이단, 사이비로 고통받는 사람들은 결코 '특수한 소수의 사람 이야기'가 아니다.4)

3. 대표적인 이단

현재 우리나라에서 가장 성행하는 이단으로 '신천지'와 '하나님의 교회'를 규정하고 있는데, 신천지 교인이 약 20만 명이라고 추정하지만, 하나님의 교회는 약 30만 명으로 추정되고 있다.5)

신천지

신천지 주요 교리는 오직 신천지를 통해야만 구원을 받을 수 있고 14만 4천 명이 되어야지만 순교한 영과 결혼하게 되어 이 몸으로 죽지 않고 영생을 얻으며 세상의 부귀영화를 누릴 수 있다는 것이 주요 교리다. 이 영생불사는

---

4) *ibid.*
5) 한국의 대표적인 이단에 대한 간단하고도 핵심적인 소개는 이규학 감독의 『그들은 이래서 이단이다』를 참고할 것.

신천지 교리의 핵심이다. 영계 순교자의 14만 4천 명이 육계의 4만 4천과 합일이 되면 영생불사체가 된다는 것이다. 이것은 시한부 종말론보다 더 간교한 조건부 시한부 종말론이다. 날을 잡아두는 것이 아니라 수를 정해 놓는 것이다. 그러니까 당신들이 영생하려면 이 숫자를 채우라고 하면서 14만 4천을 최고의 가치로 여겨 온갖 방법을 동원하여 전도에 올인한다.

교주 이만희는 각 이단들만 전전하면서 교리를 배웠다. 이만희는 박태선 씨의 전도관에 다녔고 인천에 있는 소사 신앙촌으로 가서 벽돌 굽는 일을 한다. 그리고 1968년 경에 장막성전에 들어간다. 1977년 백 모 씨 밑으로 들어가게 된다. 거기에서 1980년 3월 13일, 시한부 종말의 날까지 있다가 1980년 3월 14일에 신천지를 창립한다. 이만희는 전도관에서 14만 4천 교리를, 장막성전 등을 전전하며 실상 교리, 비유풀이, 창조와 재창조를 배웠다. 전도관, 장막성전, 통일교의 교리들을 신천지에서 도입했다.

이들은 복음방 교재 12과 공부, 시온 무료성경신학원 5~6개월 코스, 새신자교육 1개월, 지파교회 등록, 전도 교육 2개월. 이렇게 교육받는 동안 하나님의 일이면 거짓말을 해도 된다며 거짓말하는 것을 절대 두려워하지 않고 죄책감도 느끼지 않고 너무도 당당하게 다른 사람을 속인다. 이처럼 복음방 교육에서 지파교회 교육까지 약 1년 동안 교육받는 동안 완전히 미혹되어서 광신도로 변하게 되는 것이다. 가정파탄이 나기도 하고 가출을 일삼는 등 정상적인 생활을 하지 못하고 오로지 기존 교회 성도들을 빼내는 그들의 사명에 충실하게 되는 것이다. 포상금도 1명 전도하는데 10만 원이 주어진다고 한다. 이들은 목사 및 교회의 문제가 많은 곳, 교인 수는 많으나, 말씀이 없는 곳, 노회나 총회에 많이 연결되지 않는 교회에 침투하여, 처음에는 열심히 충성하여 신뢰를 쌓은 뒤, 열심히 사역하고 있지만, 말씀이 부족하다고 생각하거나 지쳐 있거나 교회에 대해 비판적인 생각이 있는 사람을 섭외대상 1순위로 삼는다.

신천지 교인을 분별하는 법으로는 첫째, 목회자와 담당 구역장이 모르게 새신자가 다른 새신자 및 기신자를 심방하러 다니는 경우이다. 둘째, 친분 관계가 없는 신도가 꿈이나 환상을 통해 하나님께서 뭔가 보여주셨다고 하면서 다가오고 기도해주겠다고 친절을 베푸는 경우이다. 셋째, 출석교회가 아닌 다른 곳의 목사, 전도사를 소개해 주고, 큐티나 성경 공부를 제안하고, 천국보화 비유(마 13:44-46)를 가르치고 교회나 가족 등 주변 사람들에게 절대 알리지 말라고 당부하는 경우 등이다.

하나님의 교회

하나님의 교회(하나님의교회 세계복음선교회)는 한기총(2000), 통합(2011/ 96회/이단), 합신(2003/88회/이단), 합동(2008/93회/이단)에서 이단으로 규정한 곳이다. 일명 안상홍의 증인회(안증회)라고도 하는데, 하나님의 교회는 분당시 분당구 이매동 45-2에 그 본부를 두고 있다. 안증회는 일반 이단이 아니라 사 이비집단으로서 아주 위험한 곳이며, 그동안 여러 번 시한부종말론을 주장하여 가정과 사회에서도 상당한 문제를 일으켰던 집단이다.

안증회는 1985년에 죽은 교주 안상홍을 하나님, 재림예수, 보혜사성령, 이 삭, 멜기세덱 등의 일인오역으로 숭배하는 곳이며, 안상홍이 부산에서 목회를 할 때에 서울교회의 전도사였던 장길자라는 여인을 1985년부터 어머니 하나님, 하늘의 예루살렘, 어린양의 신부 등으로 숭배하고 있으며, 당시 서울교회를 목회하던 김주철이 현재 하나님의 교회 총회장을 맡고 있다.

교주 안상홍은 안식교(제칠일안식일예수재림교회)에 입교하여 30세에 침례 를 받고 교인으로 있다가 그의 추종자들과 함께 안식교를 나와 새로운 종교단 체를 만들게 된다. 안식교와 달리 안식일만 지키는 것이 아니라 구약의 절기를 모두 지켜야 한다고 주장하여, 안식교에서 '절기파'로 부르며 제명되었다.

안상홍은 1985년 면 종류의 식사를 한 후에 뇌졸중으로 쓰러져 병원에서 사망하였으며, 그 후에 추종자들이 '하나님의 교회'라고 이름을 바꾸고, 죽은 교주 안상홍이 3년 뒤인 1988년에 부활한다고 주장하였으나 불발로 그치고 말았다. 안상홍이 죽은 후 안증회는 여러 곳으로 분파되었으나, 가장 크게 번성한 곳이 장길자를 '어머니 하나님'으로 숭배하고, 김주철이 총회장으로 있는 본부로 분당에 있는 '하나님의교회세계복음선교협회'이며, 기독교에서 가장 위험한 이단으로 규정하고 비판하는 안증회, 곧 하나님의 교회는 이곳을 말한다.

이들의 선교방법은 2명이 팀을 이루어 집집마다 전도를 한다. 주로 부녀를 상대로 전도를 하는데, 노트북을 갖고 다니면서 설문조사를 한다. 예를 들면 "하나님 어머니에 대해서 아십니까?" 혹은 "안식일과 유월절을 지키십니까?"에 대한 설문조사를 한다. 몇 년 전만 해도 '종말'에 대한 동영상을 갖고 다니면서 설문조사를 하기도 했는데, 안증회는 1988년, 2000년에 종말론을 주장하였고, 그 교주 안상홍은 그의 책에서 2012년에 종말론을 주장하였다.

하나님의 교회의 그 주요 교리로는, 교주 '안상홍'을 하나님, 재림예수, 이삭, 멜기세덱, 성령보혜사로 숭배한다. '장길자'를 하나님 어머니로 믿고 있다. 안식일과 유월절 등 구약의 절기를 지켜야 한다고 주장한다. 자신들의 교적부를 생명책이라고 한다. 시한부종말론을 주장하여 가정적으로나 사회적으로 많은 문제를 일으켰던 곳이다.

3. 이단들의 교회 침투방법

전도 당해 가기

요즈음 새신자에 대한 교회의 검증 활동이 활발해 지고 있기 때문에 목사님이나 장로 권사들을 접근해서 전도 당해서 들어간다. 일단 중직자들의 전도로 교회에 들어오면 사람들이 의심을 하지 않기 때문에 그러한 방법을 택한 것이다. 따라서 목회자나 중직자들에게 소개를 받아 쉽게 교회에 들어오는 과정 속에 있는 새신자들을 잘 점검해야 한다. 특히 전도 당해 들어올 때 목회자의 명성이나 설교를 익히 듣고 은혜받았다고 하는 사람들을 주의해야 한다.6)

고정간첩 만들기

이미 교회에 출석하여 오래된 교인을 포섭하여 교회에 심어 놓고 은밀히 활동하게 하는 방식인데 특히 중직자들이 그 대상이다. 필자가 세미나를 한 교회 중에 여러 교회에서 중직자들이 미혹되어 교회가 혼란한 것을 보았다. 이들은 활동을 하지 않고 정보만 B, C급 추수꾼들에게 제공한다.7)

위장 전도하기

이러한 수법은 한 사람이 교회에 무사히 침투를 하면 한 사람씩 한 사람씩 새신자를 전도한 것처럼 위장하여 신천지 추수꾼들을 교회로 데려온다는 것이다. 이러한 수법에 인천의 한 대형교회를 비롯하여 강남의 제자훈련으로 유명한 교회뿐 아니라 많은 교회가 당하였다. 교회로 침투한 추수군은 빠르게 교회의 교역자나 중직자들과 친해지고 전도활동에 나선다. 함께 교회의 사람들과 심방이나 전도 중에 자기의 식구들을 현장으로 출현시켜 우연히 만나는 것처럼 위장을 해서 전도하는 방식으로 교회에 데려온다. 이러한 작전은 교인들의 눈을 속이기에 충분하다.8)

교회 교역자나 직원으로

부목사나 여전도사, 혹은 교회 직원으로 채용과정을 거쳐 교회에 들어오기도 한다. 이러한 경우는 처음에는 충실하게 헌신하는 척하면서 신뢰감을 쌓도록

---

6) 박형택, 대한예수교장로회 이단사이비대책위원회 이단사이비대책상담소. WWW. jesus114. org
7) *ibid.*
8) *ibid.*

한 다음 본격적으로 활동한다. 목회자와 교인을 이간시키며 목회자의 뒷조사를 하여 비리를 찾고 교회에 불평분자를 만든다. 불평하는 사람들과 동조하여 교회를 교란시켜서 교회를 분쟁하게 하여 그 틈을 이용해서 교인들을 빼내간다. 인천의 A 교회는 부목사로 인하여 400명 교회가 반쪽이 되기도 하고 광주의 모 교회는 여전도사 때문에 80명 교인 가운데 30명이 나가는 아픔을 겪기도 하였다.[9]

여러 번 교회를 방문하여 상황 판단 후에 등록

이러한 경우는 이사를 온 것처럼 혹은 다른 교회에서 상처를 받아 온 것처럼 위장을 한다. 많은 경우 같이 여러 사람이 같이 오는 경우도 있고 혼자나 둘이 오는 경우도 있다. 이러한 경우 철저한 검증을 해야 한다.[10]

4. 이단들이 성도들을 유혹하는 방법

우연한 만남을 가장한다.

미혹하는 자는 도서관이나 기도원, 서점, 영화관, 음식점 등 사람들이 많이 모이는 공공장소에서나 컴퓨터, 미술, 내적치유, 심리치료 및 상담하는 곳, 교회 앞이나, 심방가는 길목에서 사람들의 특별한 관심사를 포착하여 접근한다. 자연스럽게 접근하기 때문에 성도들이 경계하거나 의심하지 않는다. 자상하고 다정하게 친절을 베풀어 호의를 갖게 하는 방식이다.

공감대를 형성하기 위하여 친분을 쌓는다.

미혹자들은 자신들의 포섭대상자를 선정하여 접근방식을 찾은 다음 함께 식

---

9) *ibid.*
10) *ibid.*

사하고, 영화보고, 노래방도 가고 하면서 친분을 쌓는다. 그리고 대상자의 혈액형, 취미, 관심사, 연령, 가정형편 등을 파악하여 거기에 알맞은 행동을 함으로서 공감대를 형성하여 신뢰감을 쌓는다.

특히 신천지의 선콜미 방법은 많은 효과를 얻는다고 한다. 선콜미 방법은 하루에 한번 상대방에게 기분 좋은 일을 하고 하루에 한번 전화하고 하루에 한번 만나는 것이다.

문화나 건강에 대한 전문가로 행세한다.

요즈음 이단들은 처음부터 본색을 드러내지 않는다.

따라서 접근방법을 다양화하고 있다. 문화운동, 건강운동, 환경운동, 써포터즈 활동 등 다양한 방법으로 접근을 하는데 특히 어떤 자격증을 따서 전문가처럼 행동하면서 접근한다.

진화하고 있는 방식을 보면 영성훈련을 한다거나 심리치료나 상담치료, 발맞사지나 영어나 외국어를 통한 교육 등 다양하다. 전문가처럼 행동하기 때문에 쉽게 믿고 그들의 요구에 응함으로 미혹되기 쉽다.

심리적인 방법을 사용한다.

신천지에서 사용하는 SWOT이라는 방식이다. 이는 포섭대상자의 강점과 약점, 성향, 가정 형편, 심지어 포섭 가능성까지 파악하는 방식이다. 따라서 어떤 성도에게 접근을 시도했다면 이미 그 성도에 대한 신상을 다 파악한 상태일 수 있다.

성도들의 일거수일투족을 이미 들여다보고 있는 것과 같다. 따라서 무슨 일이 생기면 바로 연락을 취하여(특히 밤중이나 밤 늦게 전화) 자신이 기도 중에 하나님이 환상으로 보여 주셨다고 하면서 하나님이 위로하거나 도우라고 명하셨다고 한다. 이럴 경우 대부분 성도들은 "아니 어떻게 알았을까?" 놀라며 그대로 믿게 된다.

5. 이단의 분별과 대처 방법

이단은 항상 위장을 하고 있기 때문에 분별하기가 어렵다. 특히 거짓말을 잘하고 감언이설을 잘하기 때문에 쉽게 믿어 버리는 경우가 많다. 그러나 각 이단들은 그들만의 행동 특징이 있고 그들이 주로 쓰는 용어들이 있기 때문에 분별이 가능하다.

신천지는 비유풀이, 초림주, 재림주, 실상, 말씀의 짝, 배도, 멸망, 구원 등의 용어를 사용하고 안상홍증인회는 어머니 하나님, 12월 25일, 안식일에 대한 질문으로 시작한다. 구원파는 주로 구원과 죄문제를, 정명석파는 섭리와 역사, 여호와증인은 말씀과 여호와의 왕국, 증인이라는 말을 잘 사용한다.

6. 다음 언행을 하는 자는 대체로 이단이다

1. 성경이 비밀로 되어 있기 때문에 비유로 풀어야 한다.
2. 교회 바깥에서 성경 공부를 제안하거나 큐티를 하자고 한다.
3. 과잉 친절을 베푼다.
4. 성경에 관한 질문을 하면서 성경공부를 하자고 한다.
5. 나를 위해 기도할 때 환상을 보았다고 한다.
6. 하나님이 도우라고 계시를 주셨다고 한다.
7. 좋은 사람을 소개한다거나 만나보자고 한다.
8. 초림주, 재림주, 이긴자 등의 이상한 용어를 사용한다.
9. 어려운 상황이나 우울증이 있는 경우 선심을 쓴다.
10. 교회 앞이나 길거리에서 설문조사를 한다.

7. 이단 경계를 위한 성경 구절들

이단은 예수를 말하나 예수의 뜻을 행치 않는다.

"나더러 주여 주여 하는 자마다 다 천국에 들어갈 것이 아니요 다만 하늘에 계신 내 아버지의 뜻대로 행하는 자라야 들어가리라 그 날에 많은 사람이 나더러 이르되 주여 주여 우리가 주의 이름으로 선지자 노릇 하며 주의 이름으로 귀신을 쫓아내며 주의 이름으로 많은 권능을 행하지 아니하였나이까 하리니 그 때에 내가 그들에게 밝히 말하되 내가 너희를 도무지 알지 못하니 불법을 행하는 자들아 내게서 떠나가라 하리라"(마 7:21-23).

교주를 그리스도, 보혜사, 예수라고 하는 곳은 이단이다.

"많은 사람이 내 이름으로 와서 이르되 나는 그리스도라 하여 많은 사람을 미혹하리라"(마 24:5).

이단은 천사처럼 자신을 가장한다.

"그런 사람들은 거짓 사도요 속이는 일꾼이니 자기를 그리스도의 사도로 가장하는 자들이니라 이것은 이상한 일이 아니니라 사탄도 자기를 광명의 천사로 가장하나니 그러므로 사탄의 일꾼들도 자기를 의의 일꾼으로 가장하는 것이 또한 대단한 일이 아니니라 그들의 마지막은 그 행위대로 되리라"(고후 11:13-15).

예수의 초림과 재림을 육체로 오심을 부인하면 이단이다.

"미혹하는 자가 세상에 많이 나왔나니 이는 예수 그리스도께서 육체로 오심을 부인하는 자라 이런 자가 미혹하는 자요 적그리스도니 너희는 스스로 삼가 우리가 일한 것을 잃지 말고 오직 온전한 상을 받으라 지나쳐 그리스도의 교훈 안에 거하지 아니하는 자는 다 하나님을 모시지 못하되 교훈 안에 거하는 그 사람은 아버지와 아들을 모시느니라 누구든지 이 교훈을 가지지 않고 너희에게 나아가거든 그를 집에 들이지도 말고 인사도 하지 말라 그에게 인사하는 자는 그 악한 일에 참여하는 자임이라"(요이 1:7-11).

성경 말씀 외에 다른 것을 전하면 이단이다.

"내가 이 두루마리의 예언의 말씀을 듣는 모든 사람에게 증언하노니 만일 누구든지 이것들 외에 더하면 하나님이 이 두루마리에 기록된 재앙들을 그에게 더하실 것이요 만일 누구든지 이 두루마리의 예언의 말씀에서 제하여 버리면 하나님이 이 두루마리에 기록된 생명나무와 및 거룩한 성에 참여함을 제하여 버리시리라"(계 22:18-19).

성도들은 이단과 사귀지 말아야 한다.

"누구든지 이 교훈을 가지지 않고 너희에게 나아가거든 그를 집에 들이지도 말고 인사도 하지 말라 그에게 인사하는 자는 그 악한 일에 참여하는 자임이라"(요이 1:10-11).

이단의 유혹을 받은 자들이라 여겨지면 교역자에게 알리라.

"내 형제들아 너희 중에 미혹되어 진리를 떠난 자를 누가 돌아서게 하면 너희가 알 것은 죄인을 미혹된 길에서 돌아서게 하는 자가 그의 영혼을 사망에서 구원할 것이며 허다한 죄를 덮을 것임이라"(약 5:19-20).

양육시리즈1 (구원론)

구원의 확신

초판 1쇄 발행 2022년 1월 10일

지은이 이 규 학
펴낸이 이 규 학

펴낸곳 둘셋손잡고
등록 2019년 5월 24일 제 353-2019-000010호

주소 인천광역시 남동구 문화서로 65번길 10-5 1층 (구월동)
이메일 seunglee1218@nate.com
☎ 032) 421-1311

정가 7,000원

판권 본사 소유

ISBN 979-11-91513-02-8-13230

잘못된 책은 바꾸어 드립니다.